TRAITÉ - FORMULAIRE

DE

L'INVENTAIRE

SUIVANT UNE

MÉTHODE NOUVELLE

PLAÇANT LA FORMULE A COTÉ DE L'EXPLICATION THÉORIQUE

PAR

DEFRÉNOIS

Principal clerc de notaire

A ÉVREUX

VAVASSEUR

Avocat à la cour impériale de Paris

Ancien principal clerc de notaire à Paris

PARIS

A L'ADMINISTRATION DU JOURNAL DES NOTAIRES ET DES AVOCATS

52, RUE DES SAINTS-PÈRES, 52.

1864

C.

Si l'inventaire n'est qu'un acte conservatoire, et si, en général, il n'est pas de nature à compromettre irrévocablement les droits des parties, il a néanmoins une grande importance, comme devant le plus souvent servir de base à une liquidation ultérieure. Il doit prévoir et poser, ou même résoudre, provisoirement du moins, les difficultés qui plus tard auront leur solution définitive. En ce sens il est donc vrai de dire qu'il exige du rédacteur des connaissances presque aussi étendues que pour la liquidation même dont il prépare les éléments.

D'un autre côté, l'inventaire se fait sur place, et les incidents qui surgissent si fréquemment veulent être immédiatement résolus ; il ne laisse pas, comme les autres actes notariés, le loisir de la réflexion ; il est impossible de consulter les livres de droit, de demander un conseil ; tout manque à la fois, et c'est en soi-même qu'il faut chercher l'inspiration et trouver la décision à prendre.

L'expérience du praticien le plus consommé ne sera-t-elle pas exposée à se trouver plus d'une fois en défaut? Si des précédents n'existent pas, ou si sa mémoire ne les a pas retenus, s'il s'agit d'une question controversée et que le dernier état de la jurisprudence lui soit inconnu, comme il peut arriver au plus instruit, le voilà plongé dans des perplexités pénibles, et obligé ou de prendre le parti extrême d'ajourner l'opération, ou, ce qui est pis encore, de s'abandonner à une résolution instinctive et hasardeuse.

Nous avons donc pensé que ce serait rendre service au notariat que d'extraire de notre ouvrage en cours de publication (1) un *Traité de l'inventaire*, avec les formules qui s'y rattachent, formant une brochure commode et portative.

La méthode que nous avons adoptée, et qui consiste à placer la formule à côté et en regard de l'explication théorique, a été déjà appréciée, et nous a valu des encouragements sympathiques. Voici à ce sujet ce que nous disions dans la préface de notre *Traité-formulaire :*

(1) *Traité pratique et formulaire général du Notariat,* à l'administration du *Journal des Notaires et des Avocats,* rue des Saints-Pères, 52, à Paris. 4 vol. grand in-8°. — Prix : 32 fr.

« Non-seulement le jeune clerc se trouve ainsi contraint, en quelque
» sorte, de se livrer à une étude devenue facile et attrayante; car toute
» recherche, tout effort lui est évité; son attention est éveillée malgré
» lui; en jetant les yeux, même par distraction, à côté de la formule
» qu'il transcrit, sur la même page, il en a l'explication, le fondement
» légal; si la question est controversée, il trouve, dans un renvoi au bas
» de la page le nom des auteurs qui l'ont traitée, la date des arrêts aux-
» quels a donné lieu la controverse; veut-il en faire une étude approfon-
» die, les sources lui sont connues, tous les éléments sont là qui l'invitent
» au travail; c'est la science qui se fait humble et s'offre elle-même
» complaisamment, dépouillant ses allures habituelles, quelque peu
» hautaines et dédaigneuses. »

Et plus loin :

« Nous avons banni rigoureusement toute dissertation, parce que la
» concision était pour nous une impérieuse nécessité. Nous savons
» tout le charme qui s'attache à ces dissertations savantes, où l'auteur se
» plaît à faire montre d'une vaste érudition; à ces considérations profon-
» des sur les origines ou la philosophie du droit, dans lesquelles il aime à
» se perdre avec son lecteur; à ces luttes de dialectique où la subtilité du
» raisonnement brille quelquefois, faut-il le dire, aux dépens de la raison.
» Mais, ce que veulent, ce que cherchent avant tout nos lecteurs, ce
» sont des solutions brièvement données, rapidement obtenues, avec
» le moyen de les contrôler s'il leur plaît; et c'est cela seulement que nous
» leur offrons; pour tout ornement de style, nous avons cherché la clarté
» des idées, la propriété du mot, la concision de la phrase. »

En jetant un coup d'œil sur la table des matières qui est en tête du
Traité de l'inventaire, on verra que nous nous sommes inspirés avant
tout des usages et des nécessités de la pratique; que nous nous sommes
efforcés de prévoir et de faire entrer dans le cadre de notre travail toutes
les circonstances qui, dès l'intitulé de l'inventaire jusqu'à sa clôture, sont
de nature à appeler l'attention et l'examen; et on trouvera des formules
suffisamment variées pour s'adapter à toutes les situations possibles.

DE L'INVENTAIRE.

SOMMAIRE

CHAP. Ier — DE L'INVENTAIRE; QUAND IL EST NÉCESSAIRE.

Qu'est-ce qu'un inventaire? n° 1.
Quand il doit avoir lieu, nos 2 à 4.

CHAP. II. — DE CEUX QUI PEUVENT REQUÉRIR L'INVENTAIRE ET DE CEUX QUI DOIVENT Y ÊTRE PRÉSENTS.

Par qui l'inventaire peut être requis, nos 5 et 8.
En présence de qui il doit être fait, nos 6 à 8.
Héritiers : mineurs, interdits, prodigues, faillis, enfant conçu, femme dont le mari est absent, successible contesté, héritier d'un adoptant exerçant le retour, enfant naturel, nos 9 à 23.
Héritier intervenant dans le cours de l'inventaire, n° 18.
Absents, non présents, aliénés non interdits, nos 19 à 28.
Successibles défaillants, nos 29, 30.
Exécuteur testamentaire, n° 31.
Donataires, légataires, grevés de restitution, nos 32 à 37.
Enfant naturel, conjoint, Etat, n° 38.
Succession vacante, n° 39.
Conjoint survivant, nos 40 à 44.
Créanciers opposants, nos 45 à 51.

CHAP. III. — DES FORMALITÉS DE L'INVENTAIRE.

§ 1. — Intitulé.

Ce que contient l'intitulé, n° 52.
Jour, heure et lieu, nos 53 à 63.
Parties requérantes et présentes, nos 64 à 70.
Fonctionnaires publics qui ont le droit d'y procéder nos 71 à 82.

Avertissement du serment à prêter, nos 83 et 84.
Officiers priseurs, nos 85 à 95.
Signature de l'intitulé, n° 96.

§ 2. — **Prisée.**

Description et estimation, nos 97 à 100.
Livres, bibliothèque, nos 101 et 102.
Bijoux, joyaux, tableaux, objets d'art, meubles précieux, etc., n° 103.
Objets inventoriés et prisés par distinction, nos 104 et 105.
Linge, vêtements, nos 106 et 107.
Grains, liquides, farines, n° 108.
Argenterie, vaisselle, nos 109 à 111.
Armes, portraits de famille, nos 112 et 113.
Manuscrits, propriété littéraire, n° 114.
Objets étrangers à la succession, n° 115.
Deniers comptants, n° 116.
Fonds de commerce, marchandises, achalandage, nos 117 à 123.
Mobilier de ferme, n° 124.
Croît des animaux, nos 125 et 126.
Objets immeubles par destination, nos 127 à 129.
Pigeons, lapins, poissons, n° 130.
Pailles, fumiers, échalas, nos 131 et 132.
Matériaux, n° 133.
Pépinière, n° 134.
Arbustes, oignons de fleurs, nos 135 et 136.
Fruits naturels et industriels, labours et semences, nos 137 à 146.

§ 3. — **Inventorié des papiers.**

Les papiers doivent être cotés, paraphés et analysés, nos 147 à 154.

Contrat de mariage, nᵒˢ 155 et 156.

Donation entre époux, testament, n° 157.

Titres des biens propres aux époux, nᵒˢ 158 et 159.

Titres des acquêts, n° 160.

Titres des créances, n° 161.

Billets, timbre, nᵒˢ 162 à 165.

Rentes sur l'Etat et autres valeurs nominatives, n° 166.

Titres au porteur, nᵒˢ 167 et 168.

Actes non enregistrés, nᵒˢ 169 à 171.

Baux, nᵒˢ 172 et 173.

Papiers divers, n° 174.

Livres et registres de commerce, nᵒˢ 175 et 176.

Découverte d'un testament, nᵒˢ 177 à 185.

Paquets cachetés, n° 186.

Papiers étrangers à la succession, n° 187.

Lettres confidentielles, n° 188.

Rapports, n° 189.

Don manuel, 190.

Pièces inventoriées par récolement, nᵒˢ 191 à 193.

§ 4. — **Déclarations.**

Objet des déclarations, n° 194.

Déclarations générales, n° 195.

Déclarations actives, nᵒˢ 196 à 203.

Déclarations passives, n° 204 à 212.

§ 5. — **Interpellations, protestations, réserves.**

Interpellation au tuteur de déclarer s'il est créancier de son pupille, nᵒˢ 213 à 216.

Protestations et réserves, nᵒˢ 217 à 219.

§ 6. — **Clôture.**

Qu'est-ce que la clôture ! n° 220.

Afirmation de la veuve, nᵒˢ 221 à 223.

Prestation de serment, nᵒˢ 224 à 226.

Remise des effets et papiers, nᵒˢ 227 à 232.

CHAP. IV. — DE L'INVENTAIRE APRÈS SCELLÉS.

Apposition des scellés, nᵒˢ 233 à 247.

Opposition aux scellés, n° 248 à 250.

Levée des scellés, nᵒˢ 251 à 259.

CHAP. V. — DES DIFFICULTÉS ET DES RÉFÉRÉS.

Contestations, nᵒˢ 260 et 261.

Mesures conservatoires, n° 262.

Référé, nᵒˢ 263 à 266.

CHAP. VI. — DE QUELQUES INVENTAIRES PARTICULIERS.

Inventaire des biens d'un absent, nᵒˢ 267 et 268.

Inventaire des biens d'un interdit judiciairement, n° 269.

D'un interdit légalement, n° 270.

Inventaire sur demande en séparation de corps, n° 271.

Inventaire après séparation de biens, n° 272.

Inventaire après le décès d'un notaire, n° 273.

FORMULES

§ 1. — **Parties requérantes ou présentes à l'inventaire.**

Form. 1. Héritiers ; femme représentée par son mari ; mineur émancipé ; mineur non émancipé ; interdit ; prodigue ; enfant naturel ; présence de subrogés-tuteurs.

Form. 2. Femme enceinte au décès de son mari ; curateur au ventre ; présence d'héritiers présomptifs.

Form. 3. Intervention dans le cours de l'inventaire d'un héritier plus proche en degré ; reprise de vacation par suite de changement de qualité.

Form. 4. Non présent ; absent ; aliéné non interdit.

Form. 5. Procès-verbal de comparution lorsque des sommations ont été faites.

Form. 6. Exécuteur testamentaire ; père, mère, frère et sœur ; mineur représenté par son père administrateur légal.

Form. 7. Frère légataire universel ; charge de rendre ; présence du tuteur à la substitution.

Form. 8. Enfant naturel ; conjoint survivant, l'Etat.

Form. 9. Succession vacante ; curateur.

Form. 10. Conjoint survivant : femme commune, avec attribution de communauté et faculté de conserver un fonds de commerce ; donataire, légataire ; créancière pour reprises ; usufruitière à titre de jouissance légale.

Form. 11. Femme non commune ; séparée de biens ; mariée sans communauté, sous le régime dotal sans société d'acquêts.

Form. 12. Créanciers opposants.

§ 2. — **Formules d'inventaire.**

Form. 13. Inventaire après dissolution de communauté : femme survivante; mineurs; ajournements; mandataire constitué à la clôture d'une séance; inventorié de mobilier de maison, d'objets d'un commerce et d'objets garnissant une ferme.

Ajournement, p. 27.

Constitution d'un mandataire, p. 28.

Continuation, p. 28.

Ajournement pour continuer dans un autre lieu, p. 31, 34.

Ouverture de vacation dans un autre lieu, p. 32, 34.

Inventorié d'un fonds de commerce, p. 32.

Inventorié de mobilier de ferme, instruments aratoires, grains, bestiaux, récoltes, ensemencement, p. 34.

Renvoi à l'étude pour l'inventorié des papiers, p. 42.

Ouverture de vacation en l'étude, p. 43.

Ouverture de vacation par suite de changement de qualité, p. 64.

Clôture de l'inventaire, p. 72.

Form. 14. Inventaire après apposition de scellés.

Form. 15. Contestations; référé.

§ 3. — **Divers inventaires particuliers.**

Form. 16. Inventaire des biens d'un absent.

Form. 17. Inventaire des biens d'un interdit judiciairement.

Form. 18. Inventaire des biens d'un interdit légalement.

Form. 19. Inventaire sur demande en séparation de corps.

Form. 20. Inventaire après séparation de biens.

Form. 21. Inventaire après le décès d'un notaire.

CHAPITRE PREMIER

DE L'INVENTAIRE; QUAND IL EST NÉCESSAIRE.

1. — L'inventaire est un acte conservatoire qui a pour objet d'établir, par une description du mobilier et des papiers, la consistance des biens d'une communauté, d'une succession, etc., à l'effet de maintenir les droits des parties intéressées. Il est assujetti à toutes les formalités des actes devant notaire; en outre, il est soumis à des règles particulières qui seront rapportées plus loin (C. pr., 943).

2. — Il y a lieu à la confection d'un inventaire notamment dans les cas : 1° d'ouverture de succession; 2° de dissolution de communauté ou de société d'acquêts; 3° d'absence; 4° de demande en séparation de corps; 5° d'interdiction; 6° de faillite.

3. — L'inventaire est obligatoire : 1° si parmi les héritiers il se trouve des absents, *Traité-Form.*, n° 907, des non présents, *ibid.*, n° 898, des mineurs, des interdits, *ibid.*, n°s 1176, 5° et 1279 ; 2° quand une personne a droit en qualité de donataire ou de légataire à l'usufruit de la totalité ou d'une quote-part de la succession, *ibid.*, n° 1497 ; 3° lorsque la succession est dévolue pour le tout à un enfant naturel, au conjoint survivant, à l'État, *ibid.*, n° 1796 ; 4° lorsque les héritiers ont accepté la succession sous bénéfice d'inventaire ou qu'ils ont le projet de l'accepter dans cette forme, *ibid.*, n° 1889 ; 5° lorsque la succession a été déclarée vacante, *ibid.*, n° 1964 ; 6° lorsque le défunt a nommé un exécuteur testamentaire, *infra* n° 51, 7° lorsqu'un légataire est chargé de rendre à ses enfants nés et à naître tout ou partie de l'hérédité, *infra* n° 37 ; 8° lorsque les scellés ont été apposés et ne peuvent être levés sans description, *infra* n° 259 ; 9° lorsqu'une hérédité échoit à un époux marié en communauté ou sous le régime dotal avec société d'acquêts, afin de constater les reprises ou indemnités (C. N., 1415, 1504) ; 10° pour la femme survivante ou les héritiers de la femme prédécédée, afin de conserver la faculté de renoncer à la communauté ou le privilége de n'être tenus des dettes que jusqu'à concurrence de leur émolument (C. N., 1456, 1483).

4. — En dehors des cas exprimés au numéro précédent, l'inventaire est facultatif; il en est ainsi notamment lorsque tous les intéressés à une succession sont majeurs et capables, et qu'aucun d'eux n'est soumis à un régime matrimonial conférant au mari l'administration des biens de la femme.

CHAPITRE DEUXIÈME

DE CEUX QUI PEUVENT REQUÉRIR L'INVENTAIRE, ET DE CEUX QUI DOIVENT Y ÊTRE PRÉSENTS.

5. — L'inventaire peut être requis : 1° par tous ceux qui prétendent droit dans la succession ou dans la communauté (*C. pr.*, *909 et 941*), tels sont les héritiers légitimes ou contractuels, les légataires universels et ceux à titre universel, les successeurs irréguliers, le conjoint survivant commun en biens, etc. ; 2° par tous créanciers fondés en titre exécutoire ou autorisés par une permission, soit du président du tribunal de première instance, soit du juge de paix du canton où le scellé doit être apposé (*ibid.*) ; 3° par l'exécuteur testamentaire (*C. N.*, *1031*); 4° par le curateur à la succession vacante (*C. N.*, *815; Pr.*, *1000*).

6. — Quels que soient ceux qui requièrent l'inventaire, il doit être fait en présence des personnes ci-après indiquées, ou elles dûment appelées, *voir toutefois* n° 7 : 1° le conjoint survivant ; 2° les héritiers présomptifs, c'est-à-dire ceux qui sont désignés par la loi pour recueillir la succession et qui n'ont pas encore pris qualité ; 3° les donataires et légataires universels ou à titre universel, soit en propriété, soit en usufruit (*C. pr.*, *942*).

7. — Cependant il n'est pas nécessaire d'appeler les intéressés demeurant au delà de cinq myriamètres ; il est nommé par le président du tribunal de première instance, un notaire pour les représenter (*C. pr.*, *931, 942*).

8. — A côté des parties requérantes, il y en a d'autres qui ont le droit d'assister à l'inventaire et qui reçoivent le nom de *parties présentes*. Ce sont celles qui ont intérêt à exercer un contrôle sur l'opération, comme : le conjoint survivant non commun en biens ni donataire, les légataires particuliers, ou les créanciers lorsqu'ils sont opposants.

9. — Si parmi les héritiers il y a des femmes mariées, les maris, dans tous les cas où ils ont l'administration de leurs biens, c'est-à-dire sous le régime de la communauté ou de l'exclusion de communauté, ou sous le régime dotal avec constitution en dot des biens de l'hérédité, peuvent les représenter comme maîtres de leurs droits et actions mobiliers et possessoires (*C. N.*, *1414, 1428*) ; mais il n'en est plus de même si la femme a l'administration de ses biens, c'est-à-dire si elle est séparée de biens ou si les biens de l'hérédité font partie de ses paraphernaux, car alors le mari est sans qualité pour requérir l'inventaire ; cependant il a le droit d'y assister (*C. pr.*, *942*) [FORM. 1] (1).

§ 1. — DES PARTIES REQUÉRANTES ET PRÉSENTES A L'INVENTAIRE. (Nᵒˢ 1278 et suiv.)

FORMULE 1. — **Héritiers ; femme représentée par son mari ; mineur émancipé ; mineur non émancipé ; interdit ; prodigue ayant un conseil judiciaire ; enfant naturel ; présence de subrogés tuteurs.** (Nᵒˢ 9 A 18.)

L'an mil huit cent soixante. . . . ., le . . . . ., à . . . . ., heures du matin.

A . . . . ., rue. . . . . .nᵒ . . . . ., en la maison où était le domicile de M. Charles Mesnard, en son vivant propriétaire, et où il est décédé le . . . . .

A la requête de :

1° M. Éloi Mesnard, fabricant de papier, demeurant à . . . . .,

2° M. Charles Lefort, carrossier, et Mᵐᵉ Thérèse Mesnard, son épouse, de lui autorisée, demeurant ensemble à . . . . .,

Ou bien ,

(1) Contra Dijon, 15 fév. 1844. J. N. 12000.

10. — Si des héritiers sont en état de minorité ou d'interdiction, l'inventaire est fait à la requête du tuteur en présence du subrogé tuteur (1), voir notre *Traité-form.*, *n° 1279.* Si un même tuteur représente plusieurs mineurs et qu'ils aient entre eux des intérêts opposés, on doit, pour l'inventaire, leur donner à chacun un tuteur spécial (2). Le mineur qui a ses père et mère est représenté par son père administrateur légal ; la présence d'un subrogé tuteur n'est pas nécessaire, puisqu'il n'y en a pas dans l'administration légale, *ibid.*, *n° 1185* ; mais il y a lieu de faire nommer à l'enfant par le tribunal un administrateur légal *ad hoc* si ses intérêts et ceux de son père sont opposés, *ibib.*, *n° 1188.*

2° M. Charles Lefort, carrossier, demeurant à . . . . . ,

« Au nom et comme maître des droits et actions mobiliers et possessoires de Mme Thé-
» rèse Mesnard, son épouse ; leur union étant soumise au régime de la communauté ré-
» duite aux acquêts, aux termes de leur contrat de mariage passé devant M^e . . . . , qui
» en a gardé minute, et son collègue, notaires à . . . . . , le . . . . . , dont une expédition a été
» représentée aux notaires soussignés, qui l'ont de suite rendue, — *ou* leur union étant
» soumise au régime de la communauté légale, comme s'étant mariés sans avoir fait de
» contrat de mariage, ainsi que l'énonce leur acte de mariage dressé à la mairie de . . . . . ,
» le . . . . . , dont une expédition a été représentée aux notaires soussignés, qui l'ont de
» suite rendue. »

3° M. Désiré Mesnard, étudiant en médecine, domicilié à . . . . . ,

« Mineur né à . . . . . , le . . . . . , émancipé suivant délibération de son conseil de famille,
» prise sous la présidence de M. le juge de paix du canton de . . . . . , ainsi qu'il résulte du
» procès-verbal que ce magistrat en a dressé, assisté de son greffier, le. . . . . ,
» Assisté de M. Henri Leblé, horloger, demeurant à . . . . . , son curateur, nommé à
» cette fonction, qu'il a acceptée, par la délibération qui vient d'être relatée.

» 4° M. Honoré Mesnard, sans profession, demeurant à . . . . . ,

» Assisté de M. Léon Lesage, propriétaire, demeurant à . . . . . son conseil judiciaire,
» nommé à cette fonction suivant jugement rendu par le tribunal civil de première in-
» stance de . . . . . , le . . . . . »

5° M. Charles Germain, géomètre, demeurant à . . . . . ,

« Agissant au nom et comme tuteur de M. Vincent Mesnard, sans profession, domicilié
» à . . . . . , interdit suivant jugement rendu par le tribunal civil de . . . . . , le . . . . . ; nom-
» mé à cette fonction qu'il a acceptée, suivant délibération du conseil de famille de l'inter-
» dit, prise sous la présidence de M. le juge de paix du canton de . . . . . , ainsi qu'il
» résulte du procès-verbal que ce magistrat en a dressé, assisté de son greffier le. . . . . »

6° M. Honoré Sécard, rentier, demeurant à . . . . . ,

« Agissant au nom et comme tuteur naturel et légal de M. Louis Sécard, son fils mi-
» neur, né à . . . . . , le . . . . . , issu de son mariage avec Mme Henriette Mesnard, dé-
» cédée à . . . . . , le . . . . . »

Si la tutelle est testamentaire, légitime ou dative. (*Voir notre* Traité-form., *formules 221 à 231*)

En présence de M. Aimé Mesnard, orfévre, demeurant à . . . . . ,

« Enfant naturel de feu M. Mesnard, reconnu suivant acte passé, en présence de témoins,
» devant M^e . . . . . , notaire à . . . . . , qui en a gardé minute, le . . . . . »

En présence aussi de :

1° M. Vincent Delarue, rentier, demeurant à . . . . . ,

« Agissant en qualité de subrogé tuteur de M. Vincent Mesnard, interdit, nommé à

_____

(1) De Belleyme, *Ordonn.*, II, 428 ; Dict. not., *Invent.*, n°s 88, 115 ; ⎪ (2) Dict. not , *Invent.*, n° 117, Roll., *ibid.*, n° 95.
Roll., *ibid.*, n° 94.

11. — Le successible mineur émancipé, et celui qui a un conseil judiciaire requièrent eux-mêmes l'inventaire avec l'assistance, le premier de son curateur (1), le second de son conseil judiciaire (2).

12. — L'héritier failli est représenté à l'inventaire par son syndic (3), mais il peut aussi y assister personnellement.

13. — Lorsque le mari est décédé laissant sa femme enceinte, l'inventaire doit être fait non-seulement à la requête de la femme et du curateur au ventre, mais aussi à celles des héritiers qui seraient appelés si l'enfant ne naissait pas viable (4) [FORM. 2].

» cette fonction, qu'il a acceptée, suivant délibération du conseil de famille de l'interdit,
» prise sous la présidence de M. le juge de paix du canton de . . . ., ainsi qu'il résulte
» du procès-verbal que ce magistrat en a dressé, assisté de son greffier le . . . . ., »

2° M. Charlemagne MERCIER, négociant, demeurant à . . . . .

« Agissant en qualité de subrogé tuteur du mineur Louis SÉCARD, nommé à cette fonc-
» tion, qu'il a acceptée, suivant délibération du conseil de famille de ce mineur, etc. (*Le*
» *surplus comme ce qui précède.*)

» MM. Éloi, Désiré, Honoré, Vincent MESNARD, et Mᵐᵉ LEFORT, habiles à se dire et
» porter héritiers, chacun pour un sixième, dans la moitié dévolue à la succession
» régulière de feu M. Charles MESNARD, leur frère germain, conséquemment ayant
» droit chacun à un douzième dans le tout.

« Le mineur SÉCARD habile à hériter pour une pareille quotité de M. Charles MES-
» NARD, son oncle, à la représentation de Mᵐᵉ SÉCARD, sa mère, décédée, sœur ger-
» maine de feu M. MESNARD.

« Enfin M. Aimé MESNARD, habile à se dire et porter seul successeur à la moitié dé-
» volue à la succession irrégulière de M. Charles MESNARD, son père naturel. »

Voir pour l'établissement des qualités héréditaires des descendants, notre Traité-form.*, form.* 280 *et* 281 ;
des enfants adoptifs, ibid., form. 240; *des frères, sœurs, neveux, nièces, ibid., form.* 282 *à* 284; *des ascendants, ibid., form.* 285 *à* 289; *des collatéraux autres que frères et sœurs, ibid., form.* 290 *et* 291; *des
enfants naturels, ibid., form.* 293 *à* 295.

Sans que les qualités ci-dessus prises puissent nuire ni préjudicier à qui que ce soit ;
Il va être, par Mᵉ . . . . .,et l'un de ses collègues, notaires à . . . . ., soussignés,
Procédé à l'inventaire fidèle et description exacte . . . . ., etc . . . . . (*Le surplus
comme en la formule 13.*)

FORMULE 2. — Femme enceinte au décès de son mari ; curateur au ventre ; présence d'héritiers présomptifs (n° 13).

L'An . . . . .,
A la requête de :

Mᵐᵉ Thérèze BELIARD, sans profession, demeurant à . . . . ., veuve de M. DUTAND, susnommé.

« Agissant : 1° à cause de la communauté . . . . . (*Voir formule 10.*)
» 2° Comme habile à se porter donataire . . . . . (*ibid.*)
» 3° à cause des créances et reprises . . . . . (*ibid.*)
» 4° Comme devant avoir la jouissance légale des biens de l'enfant dont elle est en-
» ceinte, s'il naît viable.
» 5° Enfin comme devant être sa tutrice légale.

---

(1) Pigeau, *Proc.*, II, 646; Carré, n° 3112; Dict. not., *Invent.*, n° 121;
Roll., *ibid.*, n° 90; contra Chauveau, n° 3143 *bis.*
(2) Pigeau, *Proc.*, II, 616; Carré, n° 3112; Dict. not., *Invent.*, n°121;
contra Roll., *Cons. judic.*, n° 34; Chauveau, n° 3143 *bis*; Rouen, 19
avril 1847; Jur. N., 7836.

(3) De Belleyme, II, 426; Bioche, *Invent.*, n° 121; Dict. not., *ibid.*,
n° 122 ; Paris, 7 juill. 1842.

(4) Dict. not., *Invent.*, n° 80; Roll., *ibid.*, n° 79; Bioche, *ibid.*
n° 75.

14. — Lorsqu'il échoit une succession à une femme mariée dont le mari est absent, il n'y a point lieu de nommer un notaire pour le représenter ; mais la femme doit obtenir en justice l'autorisation de faire procéder de son chef à l'inventaire (1).

15. — Tout individu qui se présente à l'inventaire en prétendant être héritier présomptif, doit prouver sa qualité d'héritier (2) ; si son admission est contestée, il en est référé au président du tribunal , lequel peut ordonner, vu l'urgence, de l'admettre à l'inventaire, sauf aux contestants à faire des réserves et à porter le débat devant le tribunal après la confection de l'inventaire (3).

16. — L'héritier de l'adoptant qui prétend exercer, dans la succession de l'adopté et contre le légataire universel de celui-ci, le droit de retour autorisé par l'art. 351 (C. N.) a le droit de réquérir l'apposition des scellés et l'inventaire (4).

En présence de :

Premièrement, M. Jean LEBEL, propriétaire, demeurant à . . . . . .,

« Agissant en qualité de curateur au ventre de l'enfant dont Mme veuve DUTAND est en-
» ceinte ; nommé à cette fonction, qu'il a acceptée, suivant délibération du conseil de fa-
» mille, prise sous la présidence de M. le juge de paix du canton de . . . . ., ainsi qu'il
» résulte du procès-verbal que ce magistrat en a dressé, assisté de son greffier, le. . . . .,

« Cet enfant, s'il naît viable, habile à se porter seul et unique héritier de M. DUTANT.
» son père.

Deuxièmement, M. Manuel DUTANT, propriétaire, demeurant à . . . . . ,

Troisièmement, et M. Séraphin MOISET, vigneron, demeurant à . . . . .;

« M. Manuel DUTANT, habile à hériter pour la moitié afférente à la ligne paternelle
» de M. Pierre DUTANT, son petit-fils.

» Et M. MOINET, habile à hériter pour l'autre moitié afférente à la ligne maternelle,
» de M. Pierre DUTANT, son cousin au cinquième degré.

» Mais pour le cas seulement où l'enfant dont Mme DUTANT est enceinte ne naîtrait
» pas viable. »

A la conservation des droits et intérêts, etc . . . . . (*Voir pour le surplus formule 13.*)

Si l'enfant vient à naître dans le cours de l'inventaire, la vacation qui suit sa naissance commence ainsi :

A la requête de Mme veuve DUTANT, ci-dessus nommée, qualifiée et domiciliée,

« Agissant de son chef dans les mêmes qualités qu'en l'intitulé se trouvant en tête des
» présentes, et, en outre, au nom et comme tutrice naturelle et légale de Louise DUTANT,
» sa fille mineure dont elle était enceinte lors du décès de son mari, née depuis, le. . . .,
» et inscrite sur les registres de l'état civil de la ville de . . . . ., le . . . . .,

En présence de M. LEBEL, déjà nommé, qualifié et domicilié.

« Subrogé tuteur de plein droit de la mineure DUTANT, en vertu de l'art. 393 du Code
» Nap., comme ayant été nommé curateur au ventre par la délibération du conseil de fa-
» mille relatée dans l'intitulé se trouvant en tête des présentes.

» La mineure DUTANT, habile à se porter seule et unique héritière de feu M. DUTANT,
» son père.

Et en l'absence de MM. Manuel DUTANT et MOINET, qui sont désormais sans droit sur la succession de M. Pierre DUTANT, en raison de l'existence de l'enfant dont Mme DUTANT était enceinte lors du décès de son mari,

Il va être . . . . ., etc. . . . . . ,

(1) De Belleyme,II, p. 332; Dict. not.. *Invent.*, n° 78; Bioche, *ibid.*, n° 75.
(2) De Belleyme, II, 23 page ; Dict. not.. *Invent.*, n°s 127. 128 Roll., *ibid.*, n° 99.

(3) Pigeau, II, 695 ; Chauveau, n° 3145 *quater* ; Dict. not., *Invent.* , n° 140; Roll., *ibid.*, n° 100·

(4) Bordeaux, 4 janv. 1851 ; J. N. 14391.

17. — L'enfant naturel reconnu qui concourt avec des héritiers légitimes peut faire des actes conservatoires, ce qui lui donne le droit d'être présent à l'inventaire et même de le requérir (1).

18. — Lorsque, pendant le cours d'un inventaire, il se présente des héritiers plus proches en degré ou de même degré que ceux qui l'ont requis, on doit le constater, puis interrompre l'inventaire jusqu'à ce que es droits du nouvel héritier aient été vérifiés ; et si, en effet, il concourt avec les autres héritiers ou les exclut, l'inventaire doit être continué à la requête de cet héritier en concours avec les autres ou à leur exclusion [FORM. 3]. Dans les deux cas il y a lieu d'établir de nouveau les qualités de tous les ayants droit, et d'en faire mention en marge de l'intitulé se trouvant en tête de l'inventaire, afin que l'extrait à délivrer de l'intitulé de l'inventaire puisse être conforme aux nouvelles qualités (2).

19. — L'absent [FORM. 3] est représenté à l'inventaire par un notaire, voir notre *Traité-form.*, n° 897.

FORMULE 3. — **Intervention dans le cours de l'inventaire d'un héritier plus proche en degré.** (N° 18.)

En cet endroit de l'inventaire, s'est présenté M. Charles LUBIN, forgeron, demeurant à . . . . . , qui a dit être parent au cinquième degré de feu M. DESCHAMPS, ce qui le rendrait héritier de la moitié dévolue à la ligne maternelle dans la succession de M. DESCHAMPS, à l'exclusion de MM. A.. . . .et B. . . . ., susnommés, qui sont seulement au sixième degré.

Après lecture, M. LUBIN a signé.

(Signature.)

A la réquisition des parties, et afin de vérifier les droits de M. LUBIN, la vacation pour la continuation du présent inventaire est ajournée au. . . . .

Il a été vaqué, etc. . . . .

Reprise de la vacation.

Et aujourd'hui. . . . ,
A la requête de : 1° M. Louis DESCHAMPS ;
2° M. Léon DESCHAMPS,
« Prénommés, qualifiés et domiciliés en la vacation du. . . . . » ;
3° M. Charles LUBIN, forgeron, demeurant à. . . . . ,
En l'absence de MM. A. . . . . et B. . . . . , qui, après avoir requis le présent inventaire et y avoir assisté jusques et y compris la vacation du. . . . . , en qualité de parents au sixième degré de feu M. DESCHAMPS, se sont depuis retirés comme étant exclus par M. LUBIN, parent au cinquième degré.

« MM. DESCHAMPS habiles à hériter conjointement pour la moitié dévolue à la » ligne paternelle, soit séparément chacun pour un quart, de M. Pierre DESCHAMPS, » leur cousin au quatrième degré.

» Et M. LUBIN habile à hériter pour l'autre moitié dévolue à la ligne mater-» nelle de feu M. DESCHAMPS, son cousin au cinquième degré. »

Sans que les qualités ci-dessus prises puissent nuire ni préjudicier à qui que ce soit.
Il va être par M^e. . . . . ,
Procédé à la continuation de l'inventaire après le décès de M. DESCHAMPS.

FORMULE 4. — **Non-présent, absent, aliéné non-interdit.** . (N°s 19 à 28.)

L'an. . . . . ,
A la requête de :

---

(1) De Belleyme, II, 42; Billhard, *Bén. d'inv*, n° 75; Chabot, 756, 21 : Vazeille, 757, 10; Demolombe, XIV, 37; Dict. not., *Invent* n° 429; Roll, *ibid.*, n° 404; Binche, *ibid.*, n° 434.   (2) De Madre, *Invent.*, pp. 5 et 6.

Par *absent* l'on entend ici le successible dont l'existence était certaine lors de l'ouverture de la succession, quoique son domicile soit inconnu; mais si, lors de l'ouverture, il était déjà disparu depuis assez longtemps pour que son existence ne fût pas reconnue, il ne serait pas nécessaire de l'appeler ni de le faire représenter, puisque la succession serait dévolue à ceux qui auraient concouru avec lui ou qui l'auraient recueillie à son défaut (1), *ibid.*, *n*° *928*; toutefois si le successible absent était militaire lors de sa disparition, l'on doit, si son absence n'a pas été déclarée, le faire représenter à l'inventaire par un curateur (2), *ibid.*, *n*° *932*.

20. — Sont considérés comme simplement *non présents*, ceux dont l'existence est certaine, mais qui sont éloignés de plus de cinq myriamètres du lieu du domicile du défunt ; ils peuvent ne pas être appelés à l'inventaire ; et il suffit de faire nommer un notaire pour les représenter (*C. pr.*, *931*, *942*). Si le non-présent est un enfant naturel, comme il n'a pas le titre d'héritier, il n'est pas nécessaire qu'il soit représenté (3), quoique cela soit préférable.

21. — Si le non-présent est un tuteur, un subrogé tuteur, un exécuteur testamentaire, il doit, comme l'héritier, être représenté par un notaire (4) (*arg. C. pr.*, *951*).

22. — Par exception, les parties demeurant à une distance moindre de cinq myriamètres peuvent être représentées par un notaire, lorsqu'il est reconnu par ordonnance du président qu'il y a urgence de lever les scellés et de faire l'inventaire avant l'expiration des trois jours qui suivent l'inhumation, *infra n*° *53* (*C. pr.*, *928*) (5).

23. — Le même notaire peut représenter les présents et les non-absents, à moins qu'il n'y ait entre eux contradiction d'intérêt (6).

1° M. Charles Martel, propriétaire, demeurant à. . . . . ;

2° Me Paul Dorlan, notaire, demeurant à. . . . . ,

« Agissant au nom de M. Léon Mesnard, armateur, demeurant à Cette (Hérault) (7);
» commis à l'effet de représenter M. Léon Mesnard au présent inventaire, suivant ordon-
» nance sur requête rendue par M. le président du tribunal civil de première instance
» de. . . . . , le. . . . . , dont l'original est demeuré ci-annexé après que dessus il a été ap-
» posé une mention d'annexe signée des notaires. »

Si le notaire représente un individu qui a disparu depuis l'ouverture de la succession.

« Agissant au nom de M. . . . . , ayant demeuré à . . . . . , aujourd'hui sans résidence
» ni domicile connus, et n'ayant pas donné de ses nouvelles depuis le . . . . . , consé-
» quemment présumé absent ; commis à l'effet de le représenter au présent inventaire,
» suivant jugement du tribunal civil de. . . . . , en date du. . . . . , dont la grosse est de-
» meurée ci-annexée après que dessus il a été apposé une mention d'annexe.»

Si le notaire représente un aliéné non interdit, voir notre Traité-form., *formule 255.*

« MM. Martel habiles à hériter . . . . . , etc. . . . . ,

FORMULE 5. — **Procès-verbal de comparution lorsque des sommations ont été faites.** (Nos 29 et 30.)

L'an . . . . . ,

A. , . , ., rue. . . . . , n°. . . . . , au domicile où demeurait et où est décédé le . . . . . ,
M. Pierre Doublet, en son vivant. . . . . ,

Par devant Me. . . . . et l'un de ses collègues, notaires à. . . . . , soussignés,

A comparu :

« Mme Louise Delorme, sans profession, demeurant à. . . . . , veuve de M. Doublet,
« Agissant : 1° à cause, etc. . . . . »(*Voir formule 10*).

Laquelle a dit :

---

(1) Dict. not., *Invent.*, n° 152. Il faut en effet combiner l'art. 113 C. N. avec l'art. 136 ; l'art. 113 ne s'applique évidemment qu'à l'absent non encore disparu ou dont on avait encore des nouvelles à l'époque de l'ouverture de la succession.
(2) Dict. not., *Invent.*, n° 153.
(3) Dict. not., *Invent.*, n° 161 ; Roll., *ibid.*, n° 123.
(4) De Belleyme, II, p. 232; Roll., *Invent.*, n° 124.
(5) Roll., *Invent.*, nos 42 et 130.
(6) Voir Dict. not., *Invent.*, nos 172 à 174; Roll., *ibid.*, n° 139.
(7) On suppose ce lieu distant de plus de 5 myriamètres de celui du décès. n° 2180.

24. — Le notaire chargé de représenter les absents et les non-présents est commis par le président du tribunal de première instance du lieu où l'inventaire doit être fait (C. pr., 951), par ordonnance rendue à la suite de la requête présentée à cet effet, ou, s'il y a eu scellé, sur un référé introduit par le juge de paix (1).

25. — Si le notaire commis ne se présente point sur la sommation à lui faite d'assister à l'inventaire, il est prononcé défaut contre lui et l'on procède en son absence sans qu'il soit besoin d'appeler un autre notaire (2).

26. — Le notaire commis est investi d'un mandat en vertu duquel il doit défendre les intérêts de la personne qu'il représente, et même plaider au nom de cette personne sur les incidents relatifs à la régularité de l'inventaire (3); il est responsable des suites de sa négligence; ainsi : s'il n'a pas veillé à ce que les pièces fussent cotées et paraphées, ou s'il a fait défaut et qu'il en soit résulté un préjudice pour l'héritier qu'il représente (4).

27. — L'ordonnance du président qui commet le notaire s'annexe, s'il y a eu apposition de scellés, au procès-verbal du juge de paix qui en constate la levée, sinon à l'inventaire (5).

28. — Un notaire est aussi commis pour représenter les aliénés non interdits placés dans un établissement d'aliénés lorsqu'il ne leur a pas été nommé d'administrateur provisoire, voir notre *Traité-form.*, n° *1396 et form. 253.*

29. — Les héritiers présomptifs résidant à une distance moindre de cinq myriamètres doivent être appelés à l'inventaire, sauf dans le cas exceptionnel prévu n° 13. S'ils refusent de comparaître, il n'y a pas lieu de faire nommer un notaire pour les représenter ; il suffit qu'ils aient été sommés par exploit

---

Que, voulant faire procéder à l'inventaire après le décès de M DOUBLET, son mari, elle a, par exploit du ministère de. . . . ., huissier à. . . . ., en date du. . . . ., dont l'original est demeuré ci-annexé, fait sommation à :

1° M. Louis DOUBLET ;
2° M. Amédée DOUBLET. . . . .

« En leur qualité d'habiles à hériter, chacun pour moitié, de M. Pierre DOUBLET, leur
» frère germain, »

De se trouver ce jourd'hui, à ces lieu et heure, pour procéder, conjointement avec elle, ou pour être présents à l'inventaire des meubles, objets mobiliers, argent comptant, titres, papiers et documents de toute nature, dépendant tant de la communauté ayant existé entre elle et M. DOUBLET, son mari, que de la succession de ce dernier.

Avec déclaration que s'ils ne se présentaient pas, ni personne pour les représenter, il serait prononcé défaut contre eux et procédé en leur absence.

En conséquence Mme veuve DOUBLET requiert les notaires soussignés de prononcer défaut contre eux s'ils ne comparaissent pas et de passer outre.

Et après lecture , elle a signé.

(Signature.)

LES PARTIES SOMMÉES FONT DÉFAUT.

Attendu qu'il est. . . . . heure, et que MM. DOUBLET n'ont pas comparu, ni personne pour les représenter, il est prononcé défaut contre eux.

Et obtempérant à la réquisition de Mme DOUBLET,
A la requête de cette dame,
Et en l'absence de MM. DOUBLET, qui, quoique régulièrement appelés, n'ont point comparu :
Il va être, par M^e. . . . ., etc. (*Voir formule 15.*)

Si quelques-uns des sommés ont comparu, on constate leur comparution et on prononce défaut contre les autres.

---

(1) De Belleyme, II, p. 237 ; Roll., *Invent.*, n° 68 bis et 126.
(2) De Belleyme, I, p. 435 ; Dict. not., *Invent.*, n° 108 ; Roll., *ibid.*, n° 128.

(3) Colmar, 11 nov. 1831 ; J. N. 7010.
(4) Paris, 7 nov. 1839 ; J. N. 10518.
(5) Roll., *Invent.*, n° 129 et *Annexe de pièces*, n° 32

d'huissier de se trouver au lieu et à l'heure fixés pour l'inventaire; s'ils ne s'y trouvent point, on passe outre après avoir prononcé défaut contre eux (1) [Form. 5].

30. — L'original de la sommation faite au défaillant s'annexe au procès-verbal du juge de paix constatant la levée des scellés, et à l'inventaire si les scellés n'ont pas été apposés (2).

31. — Lorsqu'il existe un exécuteur testamentaire, il peut requérir l'inventaire (C. N., 1031), qui se fait tant à sa requête qu'à celle des héritiers (3); si cependant ceux-ci offrent à l'exécuteur testamentaire somme suffisante pour l'acquit des legs, il perd le droit d'assister à l'inventaire (4) [Form. 6].

32. — Les donataires contractuels et légataires de l'universalité de la succession, en l'absence d'héritiers réservataires, ont la saisine dès l'instant du décès; c'est donc à eux de faire procéder à l'inventaire (5), même lorsque la donation ou le testament sont attaqués; mais, dans ce cas comme dans celui

LES PARTIES SOMMÉES COMPARAISSENT.

A l'instant sont intervenus :

1o M. Louis DOUBLET,

2o M. Amédée DOUBLET.

« En leurs qualités ci-dessus exprimées, d'habiles à se dire et porter héritiers chacun » pour moitié de M. Pierre DOUBLET, leur frère germain. »

Lesquels ont dit qu'ils comparaissent au désir de la sommation susénoncée à l'effet d'assister à l'inventaire qu'ils requièrent également.

En conséquence, à la requête de :

1o Mme veuve DOUBLET;

2o M. Louis DOUBLET;

3o Et M. Amédée DOUBLET,

Agissant chacun dans les qualités déjà énoncées.

Il va être, par Me. . . . ., etc . . . . (*Voir formule 13.*)

FORMULE 6. — **Exécuteur testamentaire; père, mère, frère et sœur; mineur représenté par son père, administrateur légal; sœur légataire à titre universel.** (Nos 10, 31.)

L'an. . . . ., etc. . . . .

A la requête de :

1o M. François QUIDET, rentier, demeurant à. . . . .,

« En qualité d'exécuteur testamentaire de M. HUA, susnommé, et ayant la saisine pen-» dant l'an et jour, de la totalité du mobilier dépendant de la succession, aux termes de » son testament fait sous la forme olographe, en date à. . . . ., du. . . . ., déposé au » rang des minutes de Me. . . . ., notaire à. . . . ., le. . . . . en vertu d'une ordonnance » de M. le président du tribunal civil de. . . . ., contenue en son procès-verbal d'ouver-» ture et de description du testament, en date du. . . . ; »

2o M. Vincent HUA, propriétaire, et Mme Héloïse BENOIT, son épouse, de lui autorisée, demeurant ensemble à. . . . .

« Agissant en leurs noms personnels;

» En outre, M. HUA, agissant en qualité d'administrateur légal des biens de Mlle Laure » HUA, sa fille mineure, née à. . . . ., le. . . . ., issue du mariage d'entre lui et la dame » son épouse, et comme ayant la jouissance légale de ses biens. »

---

(1) Dict. not , *Invent.*, nos 156, 167; Roll., *ibid.*, no 132; Cass., 17 av. 1828.

(2) Roll., *Invent.*, no 136.

(3) Dict. not., *Invent.*, no 99; Roll., *ibid.*, nos 86, 87; CONTRA Bruxelles, 9 août 1808; selon cet arrêt, l'inventaire doit être fait à la requête des héritiers, l'exécuteur testamentaire ne peut qu'y assister.

(4) Chauveau, no 3141; Bruxelles, 16 mars 1811.

(5) Riom, 31 déc. 1827; Cass., 16 av. 1839; Grenoble, 3 juill. 1860 J. N. 10356, 17080.

où le légataire universel n'a pas encore obtenu l'envoi en possession de son legs, les héritiers ont le droit d'y être présents (1) [FORM. 7].

33. — Le légataire universel qui veut accepter sous bénéfice d'inventaire n'est pas tenu non plus d'appeler à l'inventaire les héritiers présomptifs non réservataires (2).

34. — Les donataires et légataires universels en présence d'héritiers à réserve, et les donataires ou légataires à titre universel, ont le droit d'être présents à l'inventaire, alors même que les légataires n'auraient pas encore obtenu la délivrance de leurs legs, ou que le testament serait attaqué (3) ; on doit le décider ainsi, surtout lorsque ce n'est pas par sa faute que le légataire universel n'a pas encore obtenu l'envoi en possession, comme si c'est un établissement public qui ait besoin d'autorisation (4).

3° M. Dominique HUA, manufacturier, demeurant à. . . . .

4° Et M. Léon MOREL, avocat, et Mme Thérèse HUA, son épouse, de lui autorisée, demeurant ensemble à. . . . .

« M. et Mme Vincent HUA, habiles à se dire et porter héritiers conjointement » pour moitié, soit chacun pour un quart, de M. Pierre HUA, leur fils.

» M. Dominique HUA, Mme MOREL et Mlle HUA, habiles à se dire et porter héri- » tiers conjointement pour l'autre moitié, soit chacun pour un sixième, du feu sieur » Pierre HUA, leur frère.

« De plus Mme MOREL habile à recueillir le legs à titre universel que M. Pierre » HUA lui a fait des biens meubles dépendant de sa succession, aux termes de son » testament susrelaté. »

A la conservation des droits et intérêts, etc. (*Voir formule 15.*)

FORMULE 7.— *Frère légataire universel ; charge de rendre ; présence du tuteur à la substitution.* (N°s 32 à 37.)

L'an. . . . ., etc. . . . .

A la requête de M. Louis ABÉ, propriétaire, demeurant à. . . . .

« En qualité de légataire universel de M Pierre ABÉ, son frère, avec la charge de ren- » dre tous les biens, meubles et immeubles, faisant l'objet de ce legs, à ses enfants nés » et à naître, au premier degré seulement, aux termes du testament de M. Pierre ABÉ, » reçu par M^e. . . . ., notaire à. . . . ., en présence de quatre témoins, le. . . . ; étant fait » observer que M. Louis ABÉ s'est trouvé saisi de plein droit de la succession de son » frère, celui-ci n'ayant laissé aucun héritier à réserve, ainsi que le constate un acte de » notoriété reçu par M^e. . . . ., qui en a gardé minute, et son collègue, notaires à. . . . , » le. . . . ., (*ou si le testament est olographe* : aux termes du testament de M. Pierre » ABÉ, fait sous la forme olographe, en date à. . . . ., du. . . . ., déposé au rang des mi- » nutes de Me A. . . . ., notaire à. . . . ., le. . . . ., en vertu d'une ordonnance de » M. le président du tribunal civil de. . . . ., contenue en son procès-verbal de des- » cription, en date du. . . . .; étant fait observer que M. Louis ABÉ a été envoyé en » possession de la succession de M. Pierre ABÉ, suivant ordonnance sur requête rendue » par le même magistrat, le. . . . ., M. Pierre ABÉ n'ayant point laissé d'héritiers à » réserve, ainsi que le constate un acte de notoriété reçu par M^e. . . . ., qui en a gardé » minute, et l'un de ses collègues, notaires à. . . . , le. . . . .)

En présence de M. Gervais LEOIR, avocat, demeurant à . . . . .

---

(1) De Belleyme, II, p. 230; Pigeau, II, p. 571; Dict. not., *Invent.*, n°s 83, 94; Roll., *ibid* , n°s 84, 102, 104; Paris, 1er décembre 1808 et déc. 1829; Caen, 30 juin 1824.
(2) Demolombe, XV, 442; Cass., 16 janv. 1839.

(1) Pigeau, II, 571; Dict. not., *Invent.*, n° 126; Paris, 1er décembre 1808.

(1) De Belleyme, II, page 231; Dict. not., *Invent.*, n°

35. — S'il n'y avait que la possibilité de l'existence d'un testament, celui qui se prétendrait légataire serait sans droit pour être présent à l'inventaire (1).

36. — Les donataires et légataires à titre particulier ne sont pas compris parmi ceux qui, en vertu de l'art. 942 C. pr., doivent être appelés à l'inventaire ; s'ils veulent s'assurer de l'exactitude de l'inventaire, c'est à eux de requérir l'apposition des scellés ou de se faire opposants à leur levée (2).

37. — Lorsque le défunt a disposé à titre universel avec la charge de conserver et de rendre, l'inventaire prescrit par l'art. 1058 C. N. se fait à la requête du grevé de restitution en présence du tuteur nommé pour l'exécution (*C. N., 1059*) ; à défaut du grevé, il y est procédé à la requête du tuteur nommé pour l'exécution ; et, à défaut de celui-ci, à la diligence soit des appelés s'ils sont majeurs, soit de leur tuteur s'ils sont mineurs ou interdits, soit de tout parent des appelés majeurs, mineurs ou interdits, ou même d'office à la diligence du procureur impérial près le tribunal de première instance du lieu où la

« Tuteur chargé de l'exécution de la condition de rendre les biens de la succession de
» M. Pierre Abé aux enfants nés et à naître de M. Louis Abé, légataire universel ; nommé
» à cette qualité par le testament de M. Pierre Abé, susrelaté (*ou* nommé à cette fonc-
» tion, par délibération du conseil de famille des enfants nés et à naître de M. Louis
» Abé, prise sous la présidence de M. le juge de paix du canton de....., ainsi qu'il
» résulte du procès-verbal que ce magistrat en a dressé, assisté de son greffier,
» le.....)»

A la conservation des droits et intérêts....., etc.. (*Voir formule 13.*)

FORMULE 8. — **Enfant naturel ; conjoint survivant ; l'Etat.** (N° 38.)

L'an..... etc......
A la requête de :

EUFANT NATUREL.

M. Charles Duplan, coiffeur, demeurant à.....,
» Enfant naturel de M. Pierre Duplan, reconnu par son acte de naissance dressé à la
» mairie de..... le.....; et en cette qualité habile à recueillir, à défaut d'héritiers au
» degré successible, la totalité des biens meubles et immeubles dépendant de la succes-
» sion de M. Duplan, son père. »

CONJOINT SURVIVANT.

M. César Duval, cultivateur, demeurant à.....
« Habile à recueillir, à défaut d'héritiers au degré successible et d'enfants ou autres
» parents naturels, la totalité des biens meubles et immeubles dépendant de la succes-
» sion de Mᵐᵉ Virginie Doré, son épouse. »

L'ÉTAT.

En exécution d'un arrêté de M. le préfet du département de..... en date du.....
A la requête de M....., directeur général de l'enregistrement et des domaines, demeurant à Paris, rue..... n°....., poursuites et diligences de M. Louis Buchez, véri-
ficateur de l'enregistrement et des domaines à la résidence de.....; désigné à cet effet
par M. le directeur de l'enregistrement et des domaines du département de....., suivant
autorisation en date du...., portant le n°....., qu'il a représentée et qui lui a été
de suite rendue.

(1) Pigeau, II, 627 ; Dict. not., *Invent.*, n° 123 ; Roll., *ibid.*, n° 103 ; Bruxelles, 18 mai 1807   (2) Pigeau, II, 597 ; Dict. not., *Invent.*, n° 121 ; Roll., *ibid.*, n° 105.

succession est ouverte, dans tous les cas en y appelant le grevé ou son tuteur et le tuteur nommé pour l'exécution (C. N., 1057, 1060, 1061).

38. — L'enfant naturel, le conjoint survivant et l'État, lorsqu'ils réclament la succession à défaut d'héritiers légitimes, sont tenus de faire procéder à l'inventaire sous peine d'être considérés comme possesseurs de mauvaise foi, voir notre *Traité-form.*, n⁰ˢ 1796 et 1799 [FORM. 8).

39. — Le curateur à une succession vacante est tenu avant tout d'en faire constater l'état par un inventaire, voir notre *Traité-form.*, n° 1964 [FORM. 9].

40. — Lorsqu'il y avait communauté entre le défunt et son conjoint survivant, l'inventaire doit se faire à la requête de l'époux survivant conjointement avec les héritiers du prédécédé (1). [FORM. 10 et 11.]

» M. BUCHEZ agissant au nom de l'État français, appelé à recueillir, à titre de déshé-
» rence, la succession de Mᵐᵉ Thérèze PINSON, veuve DUNDLA susnommée, à défaut de
» parents au degré successible, d'enfant ou autres parents naturels et de conjoint survi-
» vant, et autorisé à remplir les formalités prescrites par l'art. 769 du Code Nap., sui-
» vant un jugement sur requête rendu par le tribunal civil de première instance de . . . .
» le . . . ., enregistré.
A la conservation des droits et intérêts des parties . . . . ., etc. (*Voir formule 336.*)

FORMULE 9. — Succession vacante; curateur(no 39).

L'an . . . .

A la requête de M. Godefroy LENOIR, employé, demeurant à . . . . .

» En qualité de curateur à la succession réputée vacante de M . . . . ., nommé à cette
» fonction aux termes d'un jugement déclarant cette succession vacante, rendu en au-
» dience publique par le tribunal civil de première instance de . . . . ., le . . . . ., fonction
» acceptée par M. LENOIR, suivant acte passé au greffe du même tribunal, le . . . . ., en-
» registré. »
A la conservation des droits et intérêts . . . . ., etc. (*Voir formule 15.*)

**FORMULE 10. — Conjoint survivant : femme commune, avec attribution de com-
munauté et faculté de conserver un fonds de commerce; donataire; légataire;
créancière pour reprises; usufruitière à titre de jouissance légale. (N⁰ˢ 40 à 44.)**

L'an . . . . . ., etc . . . . .
A la requête de :
Premièrement, Mᵐᵉ Elise GUILBERT, sans profession, demeurant à . . . . rue . . . . . n° . . . ,
veuve de M. DUCLAIR.

« Agissant :
» 1° A cause de la communauté réduite aux acquêts qui a existé entre elle et M. DUCLAIR,
» son mari, aux termes de leur contrat de mariage passé devant Mᵉ . . . . ., qui en a gardé
» minute, et l'un de ses collègues, notaires à . . . ., le . . . . ., et qu'elle se réserve d'ac-
» cepter ou de répudier.
    Ou bien :
» A cause de la communauté légale qui a existé entre elle et M. DUCLAIR, son mari, à
» défaut de contrat qui ait réglé les conditions civiles de leur mariage, célébré à la mai-
» rie de . . . . . le . . . . ., et qu'elle se réserve d'accepter ou de répudier.
» *Ou si les époux étaient mariés sous le régime dotal avec société d'acquêts :* à cause de

---

(1) Dict. not., *Invent.*, n° 77; Roll., *ibid.*, n° 76

41. — Quand le conjoint survivant a le droit de conserver toute la communauté à titre de convention matrimoniale en vertu d'une clause du contrat de mariage, l'inventaire peut ne comprendre que les biens de la succession du premier mourant; cependant il y a lieu de comprendre aussi l'actif et le passif de la communauté dans les cas suivants : 1° si c'est la femme qui a survécu et qu'elle veuille se conserver le droit de renoncer à la communauté, ou le bénéfice de n'être tenue aux dettes que jusqu'à concurrence de son émolument; 2° si la clause d'attribution est contestée par les enfants d'un premier lit du conjoint prédécédé en prétendant qu'elle constitue un avantage supérieur à la quotité disponible (1). L'attribution de communauté doit être mentionnée dans l'inventaire avec l'indication de la cause pour laquelle les objets de la communauté sont ou ne sont pas inventoriés.

42. — Si l'époux survivant n'était pas commun en biens avec le prédécédé, et s'il n'a dans la succession aucun droit de donataire ni de légataire, il est sans capacité pour requérir l'inventaire; il a seulement le droit d'y assister pour veiller à ce que les objets lui appartenant ne soient pas inventoriés (2).

» la société d'acquêts qui a existé entre elle et M. DUCLAIR, son mari, aux termes de leur
» contrat de mariage, portant adoption du régime dotal avec société d'acquêts, passé de-
» vant Mᵉ ...., etc.; société d'acquêts que Mᵐᵉ DUCLAIR se réserve d'accepter ou de ré-
» pudier;
» 2° Comme ayant le droit de profiter, si bon lui semble, de la stipulation de ce
» contrat de mariage portant que la communauté (ou société d'acquêts) appartiendra au
» survivant des époux, conformément à l'art. 1525 du Code Napoléon ;
» 3° Comme ayant, en vertu du même contrat de mariage, le droit de conserver, si
» bon lui semble, le fonds de commerce de ....., exploité au jour du décès de M. DU-
« CLAIR, ensemble les marchandises et ustensiles de ce fonds de commerce, et la jouis-
» sance locative des lieux nécessaires à son exploitation et à l'habitation, à la charge de
» tenir compte aux héritiers de M. DUCLAIR, de leurs droits dans la valeur du tout d'après
» l'estimation qui en serait faite dans l'inventaire, et sous la condition de signifier son
» option aux héritiers de son mari, dans les trois mois du décès ;
» 4° Comme habile à se porter donataire en usufruit, avec dispense de fournir caution,
» de la moitié des biens meubles et immeubles dépendant de la succession de son mari,
» en vertu de la donation contenue en leur contrat de mariage (ou en vertu d'un acte de
» donation passé, en présence de témoins, devant Mᵉ ...., notaire à ....., qui en gardé
» minute le .....; donation que Mᵐᵉ DUCLAIR se réserve d'accepter ou de répudier);
» 5° Comme habile à se porter légataire à titre universel d'un quart en pleine propriété
» des biens dépendant de la succession de son mari, aux termes du testament de ce der-
» nier, reçu, en présence de quatre témoins, par Mᵉ ...., notaire à ....., qui en a gardé
» minute, le.... (ou aux termes du testament de ce dernier, fait sous la forme olographe
» en date à ..., du ..... déposé au rang des minutes de Mᵉ ...., notaire à ..., en vertu
» d'une ordonnance de M. le président du tribunal civil de ....., contenue en son pro-
» cès-verbal de description en date du .....; ainsi qu'il résulte d'un acte de dépôt reçu
» par Mᵉ ..... le.....);
« 6° A cause des créances et reprises qu'elle peut avoir à exercer contre la communauté
» ou la succession de son mari;
» 7° Comme usufruitière à titre de jouissance légale des biens de Mᵐᵉ Louise DUCLAIR, sa
» fille, agée de moins de dix-huit ans; usufruit qu'elle se réserve d'accepter ou de répudier.
» Puis agissant au nom et comme tutrice légale....., etc.....» (*Voir pour le surplus
formule 15.*)

*Lorsque la femme survivante a droit de conserver toute la communauté à titre de convention matrimo-
niale et qu'elle ne sait si elle acceptera ou si elle répudiera, et que d'ailleurs il y a un enfant du premier
lit, il peut y avoir lieu aux dires suivants:*

Procédé à l'inventaire fidèle..... etc..... (*Voir formule 15.*)

---

1) De Madre, *Invent.,* p. 8.   (2) Pigeau, II, p. 395; Dict. not., *Invent.,* n° 78; Roll., *ibid.,* n° 77

43. — La femme survivante non commune et qui n'est ni donataire ni légataire, mais qui a des créances et reprises à exercer contre la succession de son mari prédécédé qui a eu l'administration de ses biens, peut requérir l'inventaire en qualité de créancière, pourvu qu'elle soit munie d'un titre exécutoire ou d'une autorisation du juge (1). Si l'inventaire est requis par les héritiers, la femme a le droit d'y être présente sans qu'il lui soit nécessaire de recourir à l'autorisation du juge.

44. — Lorsque la femme survivante, dans l'inventaire auquel elle fait procéder après le décès de son mari, déclare qu'elle agit tant comme commune que comme donataire contractuelle en usufruit des biens de son mari, elle fait acte d'acceptation de la donation et doit, en conséquence, acquitter les droits de mutation par décès sur cet usufruit, quoiqu'elle y ait renoncé par un acte postérieur à l'inventaire (2). Il est donc utile de la faire agir comme habile à recueillir le don et d'ajouter qu'elle se réserve de le répudier.

Mme . . . . ., déclare :

Qu'ayant droit, d'après l'art. . . . . de son contrat de mariage, à la totalité de l'actif de la communauté, elle pourrait s'opposer à ce que l'inventaire constatât autre chose que l'actif et le passif de la succession de M. . . . .

Mais que, ne sachant encore le parti qu'elle prendra, elle ne s'oppose pas, sous la réserve de ses droits, à ce que l'inventaire comprenne aussi l'actif et le passif de la communauté.

S'il y a un héritier du premier lit, il peut répondre ainsi

Sur quoi M. . . . . a répondu :

Qu'en sa qualité d'enfant du premier lit, la clause d'attribution de la totalité des bénéfices de communauté ne peut lui être opposable au delà de la quotité disponible entre époux en cas de second mariage ;

Qu'il est donc nécessaire de fixer l'importance de la communauté ;

Et que par ces motifs, différents de ceux formulés par Mme . . . . ., il demande que l'inventaire comprenne l'actif et le passif des communauté et succession dont il s'agit.

En conséquence des dires qui précèdent et sous la réserve des droits respectifs de chacune des parties, il va être procédé à l'inventaire des communauté et succession.

Sur la représentation qui sera faite du tout par. . . . ., etc. . . . . (*Voir formule 15.*)

FORMULE 11. — **Femme non commune; séparée de biens, ou mariée sans communauté, ou sous le régime dotal sans société d'acquêts**. (N° 43.)

En présence de Mme . . . . .,

« Agissant :

» 1° A cause des créances et droits matrimoniaux qu'elle peut avoir à exercer sur la succession de M. . . . ., son mari, d'avec lequel elle était séparée quant aux biens aux termes de leur contrat de mariage passé devant M^e . . . . ., qui en a gardé minute, et l'un de ses collègues, notaires à . . . . ., le. . . . . *ou suivant jugement rendu par le tribunal de première instance de*. . . . ., le. . . . ., signifié, publié et exécuté, ainsi qu'elle le déclare. — *Ou en cas de non communauté* : avec lequel elle était mariée sans communauté aux termes de leur contrat de mariage passé devant M^e . . . . ., etc. . . . . — *Ou en cas de régime dotal sans société d'acquêts* : avec lequel elle était mariée sous le régime dotal sans société d'acquêts, aux termes de leur contrat de mariage passé devant M^e . . ., » etc. . . . . »)

(1) Pigeau, II, p. 335; Dict. not. *Invent.*, n° 79; Roll., *ibid.*, n° 78.   (2) Trib. Blois, 18 déc. 1852; Béthune, 8 juill. 1856; J. N. 4932 et 16044; Voir aussi Cass., 5 avril 1859; J. N. 1563.

45: — Lorsque des scellés ont été apposés, les créanciers de la succession et autres intéressés ont le droit de former opposition à leur levée et conséquemment à l'inventaire *(C. pr., 931, infra n° 248).* Si les scellés n'ont pas été apposés, ils ne conservent pas moins le droit d'être présents à l'inventaire, pourvu que, par un acte extrajudiciaire, ils aient déclaré qu'ils s'opposent à ce qu'il y soit procédé hors leur présence (1) [Form. 12].

46. — Les opposants sont appelés au domicile par eux élu *(C. pr., 927, 931, infra n° 250),* même lorsqu'ils demeurent au delà de la distance de cinq myriamètres ; il n'y a donc pas lieu dans ce cas de faire commettre un notaire pour les représenter (2).

47. — Si les opposants régulièrement appelés ne comparaissent pas, il est prononcé défaut contre eux et l'on procède en leur absence (3).

48. — Les opposants, lorsqu'ils comparaissent, ne peuvent assister, soit en personne, soit par un mandataire, qu'à la première vacation ; ils sont tenus de se faire représenter aux vacations suivantes par un seul mandataire pour tous, dont ils conviennent ; sinon il est nommé d'office par le juge. Si parmi ces mandataires se trouvent des avoués du tribunal de première instance du ressort, ils justifient de leurs pouvoirs par la représentation du titre de leur partie ; et l'avoué le plus ancien, suivant l'ordre du tableau, des créanciers fondés en titre authentique, assiste de droit pour tous les opposants ; si aucun des créanciers n'est fondé en titre authentique, l'avoué le plus ancien des opposants fondés en titre privé assiste. L'ancienneté est définitivement réglée à la première vacation *(C. pr., 932).*

49. — Le mandataire peut être commis sur le procès-verbal de levée des scellés ; si les scellés n'ont pas été apposés il est commis sur l'inventaire (4).

50. — Si l'un des opposants a des intérêts différents de ceux des autres, ou des intérêts contraires, il peut assister en personne, ou par un mandataire particulier à ses frais *(C. pr., 933) ;* ainsi, si parmi les opposants il y a des légataires d'objets différents, chacun a intérêt d'assister en personne ou par un mandataire particulier ; il en est de même si l'un des créanciers opposants a une créance contestée par les autres créanciers, ou s'il veut contester les leurs, ou s'il veut revendiquer des objets que ceux-ci soutiennent appartenir à la succession (5).

« 2° Comme habile à se porter donataire en usufruit, etc. *(Voir la formule précédente.)*

En cas de séparation contractuelle, il peut y avoir lieu à la réquisition suivante :

Avant qu'il soit procédé à la prisée des objets, Mme . . . . . fait observer qu'il a été stipulé par l'article . . . . . de son contrat de mariage, que le linge à la marque de son mari, l'argenterie portant son chiffre et tous les objets à son usage personnel, seraient de plein droit réputés lui appartenir, sans qu'il fût obligé d'en constater la propriété par aucun titre ; mais, qu'à l'égard de tous autres objets, le mari serait tenu, pour en établir la propriété, de justifier des factures et quittances des marchands ou fournisseurs ; que tous les autres objets seraient censés appartenir à la femme.

En conséquence, Mme . . . . . requiert les notaires soussignés de ne comprendre dans le présent inventaire que les objets mobiliers dépendant, d'après cette distinction, de la succession de son mari.

FORMULE 12. — Créanciers opposants. (N°s 45 à 51.)

Lorsqu'il y a des créanciers opposants et qu'il n'y a point eu de scellés, après l'énonciation des qualités des parties l'on ajoute :

En présence de :

1° M. A . . . . . ; 2° M. B . . . . . ; 3° M. C . . . . .

« Créanciers de la succession de M . . . . ., et comme tels ayant formé opposition à ce

---

(1) Roll., *Inv.*, n° 116.
(2) Carré, *sur l'art. 931* ; Dict. not., *Invent.*, n° 187 ; Roll., *ibid.*, n° 149.
(3) Dict. not., *Invent.*, n° 189 ; Roll., *ibid.*, n° 150.

(1) Pigeau, II, p. 584 ; Dict. not., *Invent.*, n° 189 ; Roll., *ibid.*, n° 152.
(5) Pigeau, II, p. 586 ; Dict. not., *Invent.*, n°s 199 et 200 ; Roll., *ibid.*, n° 163.

51. — Les créanciers des présomptifs héritiers qui sont opposants à la levée des scellés ou à l'inventaire, pour la conservation des droits de leur débiteur, ne peuvent assister à la première vacation ni à celles ultérieures, ni concourir au choix d'un mandataire commun pour les autres vacations (*C. pr.*, 954), c'est-à-dire que leur opposition a seulement pour effet de faire obstacle à ce qu'il soit procédé au partage hors leur présence, voir notre *Traité-form.*, n° 2109.

CHAPITRE TROISIÈME

DES FORMALITÉS DE L'INVENTAIRE.

1. — INTITULÉ.

52. — L'intitulé d'inventaire [Form. 13] contient l'indication : 1° des jour, heure et lieu où il est procédé; 2° des parties requérantes et présentes et de leurs qualités; 3° des officiers publics qui y procèdent; 4° de l'avertissement donné aux requérants ou aux gardiens du serment à prêter lors de la clôture ; 5° de l'officier priseur; 6° de la signature des parties. Il est nécessaire que l'intitulé soit complet et qu'il mentionne d'une manière exacte les noms, prénoms et qualités des héritiers; car il a pour effet d'établir leurs droits à l'hérédité, et dans ce but il en est délivré des extraits particuliers.

53. — *Jour et heure.* L'inventaire, lorsqu'il n'y a pas eu d'apposition de scellés, ne peut être fait que

---

» qu'il fût procédé au présent inventaire hors leur présence, suivant trois exploits du
» ministère de. . . . ., huissier à. . . . ., en date des. . . . . *Si les créanciers n'ont pas de*
» *titres l'on ajoute :* et autorisés à former cette opposition par ordonnance de M. le pré-
» sident du tribunal civil de . . . ., le. . . . . »)
A la conservation des droits et intérêts, etc. (*Voir formule 13.*)

Nomination, à la fin de la première séance, d'un seul mandataire pour tous les créanciers opposants :

Les créanciers opposants, ne pouvant assister qu'à la première vacation, choisissent M. C. . . . ., l'un d'eux, auquel ils donnent pouvoir à l'effet de les représenter aux vacations ultérieures et pendant le cours des opérations faire tous dires, déclarations, réquisitions, protestations et réserves; produire toutes pièces; introduire tous référés ou défendre, et généralement faire le nécessaire.

Lorsque des scellés ont été apposés, c'est sur le procès-verbal de levée des scellés, rédigé par le juge de paix, que l'intervention des créanciers a lieu ; dans ce cas l'inventaire en fait seulement mention :

Il est fait observer que M. . . . ., se prétendant créancier de M. . . . ., a formé opposition à la levée des scellés et à l'inventaire, et qu'il est présent aux opérations, ainsi que le constate le procès-verbal de levée de scellés dressé par M. le juge de paix. — (*Ou bien :* et que M. . . . ., quoique sommé, n'a pas comparu, et qu'il a été prononcé défaut contre lui, ainsi que le constate le procès-verbal de levée de scellés dressé par M. le juge de paix.

§ 2. — FORMULES D'INVENTAIRES.

FORMULE 13. — **Inventaire après dissolution de communauté : femme survivante ; mineurs; ajournements; mandataire constitué à la clôture d'une séance; inventorié de mobilier de maison, d'objets d'un commerce et d'objets garnissant une ferme.** (N°s 52 à 232.)

L'an mil huit cent soixante. . . . ., le. . . . ., à huit heures du matin (n°s 53 à 58).

trois jours après l'inhumation ; si les scellés ont été apposés, ils ne peuvent être levés et l'inventaire en peut être fait que trois jours après l'inhumation lorsque l'apposition des scellés est antérieure à l'inhumation, et trois jours après l'apposition si elle a été faite depuis l'inhumation, à peine de nullité des procès-verbaux de scellés et inventaire, et de dommages et intérêts contre ceux qui les ont faits et requis : le tout, à moins que, pour des causes urgentes et dont il est fait mention dans son ordonnance, il n'en soit autrement ordonné par le président du tribunal de première instance (*C. pr.*, 928), *supra* n° 22.

54. — L'inventaire doit être fait dans les trois mois du jour du décès, sauf la prorogation de ce délai par le juge, voir notre *Traité-form.*, n°s 1890 à 1894.

55. — En tête de l'intitulé l'on indique la date du jour où il est procédé à l'inventaire, et aussi l'heure du commencement, et à la fin de la séance l'heure de la clôture, en raison de ce que cet acte se rétribue par vacation (*décret*, 10 brum. an XIV).

56. — Lorsque les scellés ont été apposés, c'est au juge de paix qu'il appartient de fixer le jour et l'heure des opérations de levée de scellés et d'inventaire (1).

57. — L'inventaire ayant un caractère judiciaire ne peut être fait un jour férié (2).

58. — Lorsque l'inventaire n'est pas achevé en une seule séance ou en un seul jour, l'on renvoie la continuation à un autre jour ou à une autre heure de la même journée ; il en est fait mention dans l'acte qui est signé sur-le-champ par l'officier priseur, les parties et les notaires (*décret*, 10 brum. an XIV, art. 2); cet ajournement suffit pour que l'inventaire soit continué en dehors de la présence de ceux des intéressés qui ne se représenteraient pas ; cependant l'usage est de faire consentir par les parties requérantes et présentes qu'il y soit procédé en leur absence comme en leur présence (3).

59. — *Lieu.* L'inventaire doit contenir l'indication des lieux où il est fait (*C. pr.*, 943, 2°), et, comme conséquence, relater successivement les diverses pièces de la maison ou de l'appartement dans lequel on procède.

A. . . . ., rue . . . ., n°. . . . ., au domicile de M. Pierre DUVAL, en son vivant négociant et agriculteur, où il est décédé le vingt mai mil huit cent soixante-trois. — [*Ou s'il n'est pas décédé en son domicile*, décédé à. . . . ., le. . . . .] (n°s 59 à 63).

A la requête de (n°s 64 à 70) :

Premièrement, Mᵐᵉ Julie VERNIER, propriétaire, demeurant à. . . . ., veuve de M. DUVAL,

« Agissant :

» 1° A cause de la communauté, etc. (*voir formule 10*, 1°);

» 2° Comme ayant, en vertu de son contrat de mariage, le droit de conserver, si bon
» lui semble, etc. (*ibid.*, 3°);

» 3° Comme habile à se porter donataire en usufruit, etc. (*ibid.*, 4°);

» 4° A cause des créances et reprises, etc. (*ibid.*, 6°);

» 5° Comme usufruitière à titre de jouissance légale, etc. (*ibid.*, 7°);

» Puis au nom et comme tutrice légale de Mˡˡᵉ Louise DUVAL, née à. . . . ., le. . . . .,
» mineure, issue de son mariage avec M. DUVAL ; »

Deuxièmement, M. Jean DUVAL, négociant, demeurant à. . . . .

Troisièmement, M. Charles DAVID, pharmacien, et Mᵐᵉ Laure DUVAL, son épouse, de lui autorisée, demeurant ensemble à. . . . . ;

Quatrièmement, M. Paul DUVAL, capitaine au.. . . régiment de ligne, en garnison à. . . .,

« Non présent, mais représenté par M. Louis TOURNIER, propriétaire, demeurant à. . .,
» son mandataire (n°65), en vertu de la procuration qu'il lui a donnée suivant acte
» passé devant M°. . . . . et son collègue, notaires à. . . . ., le. . . . ., dont le brevet

(1) Roll., *Invent.*, n° 41.
(2) Massé, liv. I, chap. XVI ; Berriat St-Prix, p. 89; Roll., *Fdte*, n° 18,
et *Invent.*, n° 45.

(3) Dict. not., *Invent.*, n° 469; Roll., *ibid.*, n°s 133, 131.

60. — Il ne peut être valablement fait que dans les lieux où sont renfermés les objets mobiliers ; il serait donc irrégulier et nul vis-à-vis des incapables s'il était dressé dans l'étude du notaire sur un état présenté par les parties intéressées ou par un estimateur (1).

61. — Néanmoins les papiers à inventorier, si les parties y consentent, peuvent être transportés en l'étude du notaire, où celui-ci en fait la description (2).

62. — Lorsqu'il y a des meubles à différents endroits, il faut se rendre où ils sont pour les décrire et estimer (3). Si des meubles sont dans divers pays et qu'ils soient représentés par différentes personnes, l'on doit à chaque endroit indiquer par qui la représentation et la prisée seront faites, et avertir du serment (4).

63. — *Date du décès.* La date du jour du décès doit être exprimée à l'inventaire ; nous conseillons de porter cette date en tête de l'intitulé de l'inventaire après l'indication du lieu où il est procédé, afin qu'elle soit en évidence (5).

64. — *Parties requérantes ou présentes.* L'inventaire doit contenir les noms, professions et demeures des requérants, des comparants, des défaillants et des absents s'ils sont connus, du notaire appelé pour les représenter, des commissaires-priseurs et experts, et la mention de l'ordonnance qui commet le notaire pour représenter les absents et les défaillants (*C. pr.*, *943, 1°*).

65. — Le conjoint, l'exécuteur testamentaire, les héritiers, les lélégaires universels et ceux à titre universel, peuvent assister à toutes les vacations de la levée et de l'inventaire, en personne ou par un mandataire (*C. pr.*, *932*) ; il en est de même du tuteur et du subrogé tuteur (6), pourvu qu'ils aient chacun un mandataire particulier. En ce qui concerne les créanciers opposants, *voir supra* n°⁸ *48 et suiv*.

» original, enregistré et légalisé, est demeuré ci-joint (n° *67*), après avoir été de
» M. Tournier certifié véritable et que dessus il a été apposé une mention d'annexe
» signée de M. Tournier et des notaires. »
En présence de M. Rémy Duval, propriétaire, demeurant à. . . . .
» En qualité de subrogé tuteur de la mineure Duval, sa nièce, élu à cette fonction
» qu'il a acceptée, suivant délibération du conseil de famille de cette mineure, prise sous
» la présidence de M. le juge de paix du canton de . . . ., ainsi qu'il résulte du procès-
» verbal que ce magistrat en a dressé, assisté de son greffier, le. . . . . »

Si le subrogé tuteur est représenté par un mandataire (n° 65).

En présence de M. Charles Lubin, marchand mercier, demeurant à. . . . .
« Agissant au nom et comme mandataire de M. Rémy Duval, propriétaire, demeu-
» rant à. . . . , en vertu de la procuration qu'il lui a donnée, etc.
» M. Rémy subrogé-tuteur de la mineure Duval, élu. . . . ., etc.
» M. Jean Duval, M. Paul Duval, Mᵐᵉ David et Mˡˡᵉ Duval, seuls enfants de
» M. Pierre Duval, tous issus de son mariage avec Mᵐᵉ Julie Vernier ; et, en cette
» qualité, seuls habiles à se dire et porter héritiers, chacun pour un quart, de M. Pierre
» Duval, leur père.

Si les enfants sont issus de plusieurs mariages, on modifie ainsi :

« . . . . Seuls enfants de M. Pierre Duval, issus savoir : M. Jean Duval de son
» mariage avec Mᵐᵉ Rosalie Morel, décédée, sa première épouse ; — Mᵐᵉ David
» et M. Paul Duval, de son mariage avec Mᵐᵉ Nelly Bouzard, décédée, sa seconde
» épouse ; — et Mˡˡᵉ Duval de son troisième mariage avec Mᵐᵉ Julie Vernier, restée
» sa veuve ; et en cette qualité seuls habiles à hériter, etc. »

---

(1) Dict. not., *Invent.*, n° 308 ; Roll., *ibid.*, n° 225, 226.
(2) Roll., *Invent.*, n° 246.
(3) Dict. not., *Invent.*, n° 309 ; Roll., *ibid.*, n° 227.
(4) De Madre, *Invent.*, p. 5.

(5) Harel-Delanoe, *Cours élém. du notar.*, n° 896.
(6) Pothier, *Communauté*, n° 797 ; Chauveau, n° 3015 ; de Belleyme, p. 233 ; Dict. not., *Invent.*, n° 312 ; Roll., *ibid.*, n° 140 ; contra Pigeau, II, p. 597 ; Carré, *sur l'art. 942* ; Prudhon, *Usuf.*, n° 165.

66. — La procuration peut être contenue dans l'inventaire lui-même ; habituellement elle est donnée à la clôture d'une vacation.

67. — La procuration donnée séparément doit, en cas de scellés, être annexée à l'inventaire, et non au procès-verbal de levée de scellés. Il en est de même des pièces justificatives des qualités des parties (1).

68. — L'on ne peut dans un inventaire se porter fort pour un successible, il faut ou qu'il ait un mandataire, ou qu'il ait été dûment appelé s'il est dans la distance de cinq myriamètres, ou qu'il soit représenté par un notaire s'il demeure au delà de cette distance ; cependant si l'un des héritiers se porte fort pour un cohéritier l'inventaire, est valable par la ratification de celui-ci (2).

69. — Après l'énonciation des noms, professions et demeures des parties requérantes et présentes, on indique les qualités qui leur donnent le droit d'agir.

70. — Si le défunt était titulaire d'un *majorat*, il est enjoint au notaire de se faire représenter le certificat constatant la notification du décès au garde des sceaux et d'en faire mention dans l'intitulé de l'inventaire, à peine de destitution (*décret, 4 mai 1812* ; *ordonn., 51 oct. 1830* ; voir notre *Traité-form., n° 144, 7°*).

71. — *Fonctionnaires publics qui ont le droit de procéder à l'inventaire.* C'est aux notaires exclusivement qu'il appartient de procéder aux inventaires après décès, absence, interdiction, dissolution de communauté, etc. (*arg. C. pr., 943*); il y a seulement exception pour les inventaires après faillite qui se font par les syndics avec l'assistance du juge de paix (*C. comm., 480*), mais sans qu'il y ait d'exclusion pour les notaires, qui peuvent aussi y procéder (3).

72. — Le conjoint commun en biens, les héritiers, l'exécuteur testamentaire et les légataires universels ou à titre universel, peuvent convenir du choix d'un ou deux notaires, et d'un ou deux commissaires-priseurs ou experts; s'ils n'en conviennent pas, il est procédé, suivant la nature des objets, par un ou deux notaires, commissaires priseurs ou experts nommés d'office par le président du tribunal de première instance (*C. pr., 955*), du lieu de l'ouverture de la succession, sur un référé introduit sur requête devant ce magistrat (4) ; s'il y a eu apposition de scellés, le juge de paix peut en référer sur le procès-verbal de scellés (5).

73. — La question de savoir sur quels notaires, parmi ceux présentés par les parties, doit tomber le choix du président, a fait l'objet d'une controverse ; voici les solutions auxquelles on s'est arrêté en dernier lieu : lorsqu'il n'y a ni époux survivant ni exécuteur testamentaire et que les intérêts ne sont pas différents, les deux notaires plus anciens excluent les autres. S'il y a deux intérêts différents, le choix doit se fixer sur le plus ancien de chacun des deux côtés (6).

74. — Le notaire de l'époux survivant commun en biens, quoique plus jeune en réception, concourt à l'inventaire avec le notaire le plus ancien de ceux choisis par les héritiers (7), et même l'exclut si le dissentiment a pour objet la nomination d'un des notaires présentés, l'un par la veuve, l'autre par les héritiers (8).

A la conservation des droits et intérêts des parties, et de tous autres qu'il appartiendra, sans que les qualités ci-dessus prises puissent nuire ni préjudicier à qui que ce soit, mais au contraire sous toutes réserves.

Il va être, par M°....., et l'un de ses collègues, notaires à....., soussignés (n°ˢ 71 à 82) — (*ou par M°....., notaire à....., soussigné, assisté de M....., et M.....,* témoins instrumentaires requis),

Procédé à l'inventaire fidèle et à la description exacte de tous les meubles meublants, objets mobiliers, argent comptant, titres, papiers, documents et renseignements de toute nature, dépendant tant de la communauté ayant existé entre M. Pierre Duval et Mᵐᵉ Julie Vernier, restée sa veuve, que de la succession de M. Duval — (*ou s'il n'y a pas de communauté:* dépendant de la succession de M. Duval.)

---

(1) Circ., chamb. not. Paris, 29 déc. 1813 ; déc. min. just., 3 avril 1827 et 28 avril 1832; Dict. not., *Invent.*, n° 114; Roll., *Invent.*, n° 113, et *Annexe*, n° 18; contra Pigeau, II, p. 384.

(2) Dict. not., *Invent.*, n° 145 ; Roll., *ibid.*, n° 114.

(3) Dict. not., *Invent.*, n° 208; Roll., *ibid.*, n° 59.

(4) Dict. not., *Invent.*, n° 254 ; Roll., *ibid.*, n°ˢ 67 et 68; Orléans, 19 mai 1808.

(5) Carré, *sur l'art. 935.* Voir cependant de Belleyme, II, p. 237.

(6) Roll., *Concurr. entre not.*, n°ˢ 4 et 13.

(7) Régl. Not. Paris, 27 avril 1847, art. 34 ; Dict. not., *Invent.*, n° 234; Roll., *ibid.*, n° 14; Paris, 5 octobre 1808; Colmar, 11 nov. 1831 ; J. N. 7640.

(8) Paris, 19 mars 1850 ; J. N. 11021.

75. — L'inventaire après séparation de biens est fait par le notaire commis par le tribunal pour procéder à la liquidation de la communauté (1).

76. — La garde de la minute de l'inventaire, en cas de concours de plusieurs notaires, appartient au notaire choisi par le plus grand nombre d'intéressés, bien qu'il soit le moins ancien en réception (2).

77. — Toutefois la veuve non commune, mais donataire particulière, n'ayant que le droit d'assister à l'inventaire, *supra n° 42*, ne peut concourir pour le choix d'un notaire; si donc elle se fait assister par son notaire c'est à ses frais; et ce dernier, même plus ancien que le notaire des héritiers, n'a pas droit à la garde de la minute (3).

78. — S'il y a un exécuteur testamentaire, son notaire a le droit de concourir avec celui du conjoint survivant ou des héritiers, mais la minute reste au notaire de ceux-ci, encore qu'il soit moins ancien (4).

79. — Lorsque le défunt a institué un donataire ou légataire universel et qu'il n'y a pas d'héritiers à réserve, le notaire des héritiers du sang est exclu, à moins, dans le cas où le testament est olographe ou mystique, que le légataire ne se soit pas encore fait envoyer en possession (5).

80. — Nous avons dit, *Traité-form.*, *n° 1762, note 6*, que l'enfant naturel, quoique n'étant pas héritier légitime, a un droit héréditaire, et nous pensons qu'il a, surtout en présence d'ascendants ou de collatéraux, le droit de concourir avec les héritiers au choix du notaire (6).

81. — Le subrogé tuteur, le curateur d'un mineur émancipé, le conseil judiciaire d'un prodigue n'ont pas le droit de concourir dans le choix du notaire, à moins, en ce qui concerne le subrogé tuteur qu'il ne remplace le tuteur ou qu'il ne procède contradictoirement avec lui (7), *supra n° 10*.

82. — Au surplus, sur toutes les questions se rattachant au choix du notaire et à la garde de la minute, on doit prendre en considération le règlement de la compagnie des notaires du lieu, quoique sur ce point il ne serve pas de règle absolue pour les tribunaux.

83. — *Avertissement du serment à prêter.* Il est d'usage de mentionner dans l'intitulé, quoique cela ne soit pas prescrit par la loi: 1° l'avertissement donné aux requérants et spécialement à ceux qui ont gardé le mobilier du serment qu'ils auront à prêter à la clôture de l'inventaire de n'avoir rien détourné, vu détourner ni su qu'il ait été rien détourné des objets à inventorier; 2° la promesse qu'ils font de montrer et indiquer tout ce qui à leur connaissance dépend de la communauté et de la succession (8).

84. — Cet usage nous vient de l'ancien droit qui exigeait que le serment fût prêté au commencement de l'inventaire (9).

85. — *Indication de l'officier priseur.* Après l'avertissement dont il vient d'être question, on énonce que la prisée des meubles susceptibles d'estimation va avoir lieu par un officier priseur ou par un expert, *supra n° 64*.

Sur la représentation qui sera faite du tout par Mme veuve Duval, laquelle avertie du serment qu'elle aura à prêter à la clôture des présentes, de n'avoir détourné, vu ni su qu'il ait été détourné directement ni indirectement aucun des objets devant être compris au présent inventaire, promet de s'y conformer (n°s 83 et 84).

La prisée des objets qui en sont susceptibles va être faite par M^c . . . . . , l'un des commissaires-priseurs de la ville de . . . . ., y demeurant rue . . . . ., n° . . . . . — (*ou par M.*, greffier de la justice de paix du canton de . . . ., *ou par M.*, huissier près le tribunal civil de . . . ., à la résidence de . . . . .), qui promet de priser les objets à leur juste valeur, d'après le cours actuel et sans crue (n°s 85 à 95).

(1) Paris, 3 oct. 1839; J. N. 10629.

(2) Colmar, 14 nov. 1834; Paris, 5 oct. 1808. 26 août 1836, 28 oct. 1844, 26 août 1844, 17 janv. 1845, 10 mars 1850, 11 déc. 1850; J. N. 7640, 9830, 11177, 12078, 12279, 1302', 16080; convx Régl. Not. Paris, 27 avril 1847; Colmar, 30 juillet 1827 ; Paris, 22 août 1841, 13 juill. 1832, 4 janv. 1843; Bordeaux, 19 avril 1835; Nancy, 24 août 1835; Bourges, 24 nov. 1845; J. N. 8957, 9099, 9587, 12624, 12752; selon lesquels elle appartient au plus ancien.

(3) Dict. not. *Invent.*, n° 235; Roll., *ibid.*, n° 45; Régl. not. Paris 27 avril 1847, art. 40, 5°.

5 Pigeau, II, 587; Carré, *sur l'art. 955*; Dic. not., *Invent.*, n° 248; Réglem. Not., Paris, 27 avril 1817, art. 37 ; Bordeaux, 15 avril 1835; convx Toullier, V, 58; Duranton, IX, 345; Roll., *Concurr. entre not.*, n° 18; Paris, 16 fév. 1836.

5) Règlem. Not., Paris, 27 avril 1817, art. 40, 2°.

(6) Voir cependant Dict. not. *Invent.*, n° 246; Roll., *Concurr. entre not.*, n° 19 à 24; Réglem. Not., Paris, 27 avril 1817, art. 4, 3°.

(7) Règlem. Not., Paris, 27 avril 1847, art. 43.

(8) Roll., *Invent.*, n° 308.

9) Pigeau, II, p. 556; Roll., *Invent.*, n° 307.

86. — Le droit de procéder à la prisée des meubles et objets mobiliers dans un inventaire appartient : dans la commune de la résidence d'un commissaire priseur à cet officier public à l'exclusion de tous autres ; et dans tous autres lieux aux commissaires priseurs, notaires, greffiers et huissiers concurremment entre eux. (*Lois 17 sept. 1793, art. 1; 23 vent., an IX, art. 1; 28 avril 1816; art. 89; C. pr., 935*).

87. — Il est défendu à toutes autres personnes de s'immiscer dans ces espèces d'opérations (*mêmes lois*) ; ainsi l'art. 935 *C. pr.*, en supposant que des experts peuvent être choisis ou nommés, ne déroge pas au droit exclusif des officiers priseurs ; ces experts ne doivent être appelés que pour aider les officiers établis par la loi pour des estimations spéciales, comme s'il s'agit de bijoux, d'une bibliothèque, de marchandises, de bestiaux, etc. (1). Quant à l'expert à choisir par le subrogé tuteur dans le cas prévu par l'art. 453 du C. N., voir notre *Traité-form., n° 1248*; il doit être pris parmi les officiers priseurs désignés par la loi (2).

88. — Un greffier de justice de paix, qui rédige le procès-verbal de levée des scellés, peut en même temps faire la prisée des meubles (3).

89. — Un notaire peut, dans les lieux où il n'y a pas de commissaires-priseurs, faire lui-même la prisée des meubles qu'il inventorie (4) ; il est préférable même qu'il agisse ainsi, dans le but d'éviter les frais lorsque la succession est de peu d'importance. Le notaire en faisant lui-même la prisée peut se faire aider des avis d'un expert.

90. — Le choix de l'officier priseur se règle de la même manière que celui du notaire, *supra n°s 72 et suiv.*

91. — Le choix des experts qui doivent aider l'officier priseur appartient aux parties et non à cet officier ; en cas de désaccord, le choix a lieu de la même manière que pour l'officier priseur.

92. — Une femme peut être appelée conjointement avec l'officier priseur, pour estimer les objets à l'usage du sexe féminin (5).

Si l'officier priseur a été choisi par le subrogé tuteur conformément à l'article 453 Code Nap. (N° 87.)

La prisée des choses qui en seront susceptibles va être faite par M^e....., choisi par le subrogé tuteur, et agréé par M.....; qui promet de faire cette prisée...., etc,

Si la prisée est faite par un expert. (N° 87.)

La prisée des objets qui en sont susceptibles va être faite à leur juste valeur, d'après le cours actuel et sans crue par M....., propriétaire, demeurant à....., expert choisi par les parties, qui a préalablement prêté serment devant M. le juge de paix du canton de..., de s'acquitter fidèlement de cette mission : ainsi que le constate un procès-verbal dressé par ce magistrat, assisté de son greffier, le....

Si la prisée est faite par le notaire. (N° 89.)

La prisée des objets qui en sont susceptibles va être faite par M^e....., l'un des notaires soussignés, à leur juste valeur, d'après le cours actuel et sans crue.

Si la prisée est faite par un officier public, assisté d'experts. (N°s 87 à 90.)

La prisée des objets qui en sont susceptibles va être faite à leur juste valeur, selon le

---

(1) Dict. not., *Prisée*, nos 38, 108 ; Roll., *ibid.*, nos 44, et 89 à 97 ; Bourges, 8 juin 1832 ; Trib. Bourbon-Vendée, 6 avril 1835 ; J. N. 8853 ; Cass., Bruxelles, 2 mai 1839 ; J. N., 4590.

(2) Dict. not., *Prisée*, nos 21 et 31 ; Roll., *ibid.*, no 45 ; Trib. Bourbon-Vendée, 6 avril 1835 ; Cass. Belgique, 2 mai 1839 ; Trib. paix Melizey, 3 juill. 1801 ; M. T., 1802, p. 684 ; contra Rennes, 14 janv. 1835 ; Nîmes, 22 fév. 1837 ; Grenoble, 5 déc. 1839 ; J. N. 8396, 9656, 10732.

(3) Dict. not., *Invent*, no 218 et *Prisée*, no 20 ; Roll., *Prisée* no 16 ; Bioche, *Greffier*, no 71 ; et Journ. proc., *art. 5659* ; Grenoble, 5 déc. 1839 ; J. N. 8396.

(4) Dict. not., *Invent.*, nos 214 à 217 ; Roll., *Prisée*, no 17 ; Douai, 26 août 1835 ; Orléans, 22 août 1837 ; Cass., 19 déc. 1838 ; Grenoble 5 déc. 1839 ; J. N. 9038, 9833, 10240, 10732.

(5) Carré, *sur l'art. 935* ; Dict. not., *Prisée*, no 43 ; Roll., *Prisée*, no 24

93. — L'expert appelé pour donner son avis à l'officier priseur prête serment entre les mains du notaire, s'il n'y a pas eu d'apposition de scellés, et entre les mains du juge de paix si les scellés ont été apposés, ou si le père ou la mère usufruitier légal garde les meubles pour les remettre en nature (1) (*C. pr.*, 955).

94. — L'officier priseur doit estimer les effets à leur juste valeur et sans crue (*C. pr.*, 945, 5°).

95. — Avant le Code, dans certains pays, ceux qui devaient rendre la valeur des meubles étaient tenus, outre le montant de la prisée, à une augmentation ou supplément de prix qu'on appelait crue, de sorte que la prisée des meubles se faisait au-dessous de leur valeur jusqu'à concurrence de la crue, à moins qu'il ne fût dit que la prisée se faisait sans crue; mais cet usage a été abrogé par le Code.

96. — *Signature de l'intitulé.* L'intitulé de l'inventaire est signé séparément et sur-le-champ par les parties, l'officier priseur, le notaire et les témoins. Ce n'est qu'après cette signature, qu'il est procédé à la prisée des meubles.

§ 2. — PRISÉE.

97. — L'inventaire doit contenir la description des effets mobiliers et leur estimation (*C. pr.*, 945, 5°).

98. — Il ne s'agit ici que des effets matériels, et non des meubles incorporels, tels que créances, actions, etc., qui ne sont pas soumis à l'estimation.

99. — Les objets sont décrits et estimés au fur et à mesure qu'ils sont aperçus ou représentés; habituellement on commence dans la cuisine, et, si c'est à la campagne, dans la principale pièce d'habitation; on continue dans les autres pièces au rez-de-chaussée; puis, aux étages supérieurs s'il y en a, dans la cave, dans les bâtiments ruraux, dans la cour et dans les champs s'il y a lieu.

100. — Au cours de l'opération, il peut surgir certaines questions sur lesquelles il nous paraît utile de donner quelques explications.

---

cours actuel et sans crue, par Me. . . . , sur l'avis de M. . . . ., et M. . . . ., experts choisis par les parties, qui ont prêté serment entre les mains des notaires soussignés de donner leur avis en conscience.

Et après lecture, les parties requérantes, M. DUVAL, subrogé tuteur, et M. . . . ., officier priseur, ont signé avec les notaires (*ou* avec les témoins et le notaire) sans aucune approbation préjudiciable et sous toutes réserves. (N° *96.*)

(Signatures.)

PRISÉE. (N°s 97 à 116.)

Dans la cuisine ayant son entrée par un vestibule et éclairée par deux fenêtres sur la cour.

1° Trois pelles à feu, une pincette, un soufflet, deux chenets en fonte, trois chevrettes, un gril, un trépied, une saunière, une bouillotte en cuivre, le tout prisé. . . . ., ci . . . . : . . . . | »   »
2° Une marmite économique, estimée . . . . ., ci . . . . | "   "
3° Quatorze casseroles, trois plats, une bassinoire, deux bassines, une poissonnière, le tout en cuivre rouge, estimé . . . ., ci. . . . . | "   "
4° . . . . ., etc. . . . .

Dans la salle à manger ayant son entrée par le vestibule, éclairée par deux fenêtres sur la cour.

5° Deux chenets en fonte, avec boules en cuivre, deux pelles, une pincette,

A reporter. . . . . | "   "

---

(1) Dict. not. *Prisée*, n°s 45, 46; Roll., *Prisée*, n° 22; Douai, 26 août 1845; J. N., 5658.

101.— *Livres, bibliothèque.* Lorsque le mari est survivant et qu'il s'est réservé par le contrat de mariage le droit de reprendre, à titre de préciput, sa bibliothèque et les livres qu'elle renferme, on ne doit pas en général les décrire ni les estimer dans l'inventaire; il suffit de constater que le mari en a opéré le prélèvement en vertu de la clause de préciput. Il en serait autrement si la communauté était mauvaise, si la clause de préciput était contestée, ou dans d'autres cas analogues, *infra n° 104.*

102.— Lorsqu'il y a lieu à estimation, si la bibliothèque comprend un grand nombre d'ouvrages où s'il s'y trouve des livres rares, des autographes et autres curiosités de prix, il est d'usage que l'officier priseur s'adjoigne un ou deux experts.

103.— *Bijoux, objets d'art.* Ce qui est dit au numéro précédent s'applique aux bagues, pierreries, joyaux, galeries de tableaux, statues, objets d'art, meubles précieux, etc.

Report.	»	»
un garde cendre en cuivre, un balai de crin, un soufflet, estimés . . . . ., ci.	»	»
6° Sur la cheminée : une pendule à sujet en cuivre doré du nom de . . . ., avec son globe, une lampe Carcel, deux chandeliers en bronze, estimés..., ci.	»	»
7° Une table ronde . . ., etc. . . .,		

Dans le salon ayant sa porte d'entrée en face de celle de la salle à manger, éclairé par trois fenêtres sur la rue et trois autres sur la cour.

8° Deux chenets en fonte avec boules en cuivre, un garde-cendre en cuivre, pelle et pincette surmontées d'anneaux en cuivre, un balai de crin, estimés. . . ., ci.	»	»
9° Un écran de cheminée en soie, cinq écrans à main, dont trois en tapisserie et deux en papier, deux vases à fleur en porcelaine de Sèvres, estimés . . .,ci.	»	»
10° Deux flambeaux en cuivre argenté avec bobèches en cristal, deux dessous de flambeaux en tapisserie, le tout estimé . . . ., ci	»	»
11° Une pendule en marbre à sujet en bronze sous globe, portant le nom de . . . ., estimée . . . ., ci.	»	»
12°.		

Dans un cabinet de travail ouvrant sur la cour et éclairé par une fenêtre sur la cour.

13° Un calorifère en fonte, estimé . . ., ci	»	»
14° Un bureau en acajou, un fauteuil et six chaises en acajou avec fond en canne, estimés . . . ., ci.	»	»
15° Un corps de bibliothèque en acajou à douze tablettes et deux battants fermant à clef, estimés . . . ., ci	»	»

LIVRES (N°s 101 et 102.)

16° L'histoire de France, par Martin, en treize volumes, demi-reliure, estimée . . . ., ci.	»	»
17° L'histoire du Consulat et de l'Empire, par Thiers, en quinze volumes, demi-reliure, estimée . . . ., ci	»	»
18°		

Si la prisée des livres est faite de l'avis d'un expert.

La prisée des livres va être faite avec l'avis de M. . . . ., libraire, demeurant à . . . ., ici présent et à ce intervenant, expert choisi par les parties, qui a prêté serment entre les mains des notaires soussignés de donner son avis en conscience.

Et après lecture M . . . . .a signé :

(Signature de l'expert.)

A reporter.	»	»

104.—*Objets inventoriés et prisés par distinction.* Lorsque parmi les objets trouvés il en est qui sont réclamés par l'époux survivant ou les héritiers du prédécédé, en raison de ce qu'ils peuvent être repris en nature ou prélevés à titre de préciput, *supra n° 101*, ou parce qu'il n'y avait pas de communauté, la réclamation ne fait pas obstacle à leur estimation; mais le montant en est porté par distinction dans une colonne particulière, car il est possible que la réclamation ne soit pas justifiée (1).

105.—De même, lorsque le défunt a fait différents legs d'objets mobiliers en nature, il est nécessaire de les rechercher et de les constater séparément dans la prisée, afin de faciliter ultérieurement la délivrance des legs et le payement particulier des droits de mutation afférents à ces objets (2).

		Report.	"	"

16₀ L'histoire de France . . . . . etc . . . . .
Et après lecture, M . . . . . a signé et s'est retiré.

(Signature.)

OBJETS D'ART. (N° 103.)

Si des experts doivent donner leur avis (voir ci-dessus).

19° Une cassette en marquetterie avec coins et ferrure en acier, fermant avec une serrure à secret, estimée. . . . ., ci . . . .   " | "

Dans cette cassette :

20° Vingt pièces d'or romaines à diverses effigies, du poids de . . . . , estimées. . . ., ci . . . .   " | "
21° . . . .

Dans une chambre au premier étage, à droite de l'escalier, éclairée par deux fenétres sur la rue.

OBJETS INVENTORIÉS ET PRISÉS PAR DISTINCTION. (N°ˢ 104 et 105.)

Mme Veuve D̲u̲v̲a̲l̲ déclare que dans cette pièce il se trouve un grand nombre d'objets mobiliers faisant partie du trousseau dont elle a fait l'apport en mariage ; et comme, d'après son contrat de mariage, elle a le droit de les reprendre en nature ou en argent, à son choix, elle demande que ces objets soient décrits et prisés par distinction, se réservant d'en effectuer la reprise en nature ou en argent, selon qu'elle avisera par la suite.

	OBJETS PRISÉS PAR DISTINCTION	

22° Deux chenets en fonte avec boules en cuivre, une pelle à feu, une pincette, un garde-cendre en cuivre, un soufflet, estimés. . . ., ci. . . . .   " | "   " | "
23° Une pendule en marbre à colonnes, deux flambeaux en bronze, deux écrans, estimés . . . . ., ci. . . . .   " | "
24° Quatre fauteuils et six chaises en acajou, foncés en velours d'Utrech rouge, estimés . . . . ., ci. . . . .   " | "   " | "
25° Une couchette en acajou à bateau et à dos droit, estimée. . . . ci   " | "   " | "

A reporter. . . . . . . | | " | "

---

(1) Dict. not., *Invent.*, n°ˢ 337, 348.

2. De Maître, *Invent.*, p. 36; Dict. not., *Invent.*, n°ˢ 338, 348; Bioche, *ibid.*, n° 216.

106.— *Linge, vêtements.* Les linge et vêtements à l'usage de l'époux survivant doivent être compris dans l'inventaire des biens de la communauté; on en excepte habituellement un habillement complet. Si le survivant est homme d'épée ou de robe, on lui laisse l'épée qu'il a coutume de porter ou sa robe de cérémonie (1).

107.— On ne comprend pas dans l'inventaire les linge et vêtements des enfants, ni les divers objets qui ont pu leur être donnés manuellement, s'ils sont de valeur minime (2).

Report.	»	»		»	»
26° Un sommier en crin, deux matelas de laine, un lit de plumes, un traversin, deux oreillers, deux couvertures en laine, un dessus de lit blanc en coton, un édredon, estimés . . . . , ci . . .	»	»			
27° Un tapis, deux descentes de lit, estimés . . . . . , ci.				»	»
28° Une armoire à glace en acajou, estimée . . . . , ci	»	»			
29° *Dans cette armoire :* trente-cinq paires de draps en toile, estimés. . . . , ci.	»	»			
30°.					

LINGE, VÊTEMENTS. (Nᵒˢ 106 et 107.)

Linge et vêtements à l'usage de Mᵐᵉ Duval.

31° Soixante-douze chemises de toile fine, cent quarante-quatre autres en toile commune, estimées. . . . . . ,ci.	»	»		
32° Vingt-quatre jupons blancs, estimés. . . . . , ci	»	»		
33°.				

Linge et vêtements à l'usage de feu M. Duval.

34° Quatre-vingt-quatre chemises de toile, trente-six autres en cretonne, estimées. . . . ., ci . . . .
35° Six caleçons en laine, douze autres en coton, trente-six camisoles de flanelle, vingt-quatre paires de bas de laine, douze autres en coton, estimés. . . . . , ci. . . . .
36° Un habit de drap noir, une redingote. . . ., etc.

Dans la cave. (N° 108.)

37° Un tonneau de la capacité de trois hectolitres plein de cidre boisson, estimé, fût et jus . . . . . , ci. . . . .
38° Un autre tonneau de la capacité de deux hectolitres plein de vin de Bordeaux, récolte de l'année . . . ., estimé, fût et jus. . . . ., ci . . . .
39° Deux cents bouteilles de Bordeaux vieux, estimées . . . . , ci.
40°. . . . .

Total de la prisée des objets inventoriés ce jour. . .

AJOURNEMENT. (N° 58.)

Attendu qu'il est cinq heures de relevée, il est renvoyé pour la continuation de l'inven-

(1) Merlin, *Invent.*, § 4, n° 8. | (2) Roll., *Invent.*, n° 182.

108. — *Grains, liquides, farines.* Les objets qui se vendent ordinairement au nombre, au poids ou à la mesure doivent être pesés, comptés et mesurés; ainsi on doit mesurer les grains, jauger les liquides, peser les farines, compter les gerbes de grains, les bottes de fourrages, etc. Autant que possible les grains, les fourrages, les liquides doivent être prisés d'après les mercuriales ou les prix courants des marchés les plus voisins (1).

---

taire à demain . . . . . de ce mois, huit heures du matin; jour et heure où les parties promettent de se trouver au lieu où il est procédé sans qu'il soit besoin de leur faire de sommation; au surplus elles consentent qu'il y soit procédé en leur absence comme en leur présence.

Ou bien, attendu qu'il est cinq heures de relevée, il est renvoyé pour la continuation de l'inventaire aux jour, lieu et heure qui seront ultérieurement indiqués par les parties.

Les objets inventoriés et ceux restant à l'être ont été laissés, du consentement des parties, en la garde et possession de Mme veuve Duval, qui s'en charge, pour les représenter quand, à qui et ainsi qu'il appartiendra.

Il a été vaqué à tout ce que dessus depuis huit heures du matin jusqu'à cinq heures du soir par triple vacation (n° 55).

CONSTITUTION D'UN MANDATAIRE. (N° 66.)

En cet instant, M. David a constitué pour sa mandataire Mme David, son épouse, à laquelle il a donné pouvoir et autorisation à l'effet de : le représenter à la continuation du présent inventaire; en conséquence, assister aux vacations subséquentes, y faire tous dires, réquisitions, protestations et réserves; consentir à la remise des objets compris dans l'inventaire, et des titres, papiers et registres entre les mains de telles personnes qu'il lui conviendra choisir, accepter le dépôt qui pourrait être confié au constituant; donner ou accepter tous pouvoirs pour administrer; demander toute autorisation pour agir sans attribution de qualité; introduire tous référés, y défendre, signer tous procès-verbaux; substituer, donner tous pouvoirs, et généralement faire le nécessaire.

Après lecture, les parties ont signé avec l'officier priseur et les notaires, sans aucune approbation préjudiciable et sous toutes réserves.

(Signatures.)

CONTINUATION DE L'INVENTAIRE.

Et aujourd'hui. . . . .

A . . . rue . . . . . n° . . . . ., au domicile où est décédé M. Duval, susnommé.

En conséquence de l'ajournement indiqué dans la clôture de la dernière vacation.

Ou si c'est à des jour et heure autres que ceux convenus : En conséquence de l'indication donnée par les parties d'un commun accord, à ces jour et heure, par modification de celle contenue dans l'ajournement consigné à la clôture de la précédente vacation.

Aux mêmes requête, présence et qualité, qu'en l'intitulé de l'inventaire, à l'exception cependant de M. David, représenté par Mme David, son épouse, à laquelle il a donné pouvoir et autorisation nécessaire en la clôture de la séance du. . . . .

Il va être, par M^e. . . . ., et l'un de ses collègues, notaires à . . . . . ., soussignés,

Procédé à la continuation de l'inventaire après le décès de M. . . . .

---

(3) Roll., *Invent.*, nos 85, 86.

109.— *Argenterie*. L'argenterie est inventoriée par la désignation de ses qualités, poids et titre (C. pr., 943, 4°).

110.—*Vaisselle; matières d'or ou d'argent*. La vaisselle et les matières d'or ou d'argent sont pesées, et l'estimation en est faite, sans tenir compte des façons, à raison de 2 fr. 25 c. le gramme pour les matières d'or, et de 208 fr. le kilogramme pour les matières d'argent (1).

111.— *Ustensiles d'étain, de cuivre et de gros fer*. — Il en est de même des ustensiles d'étain, de cuivre et de gros fer lorsque le poids en est considérable; l'estimation en est faite à raison de *tant* le kilogramme.

112.—*Armes; portraits de famille*. Les portraits de famille, les armes ou armoiries du père ou des ancêtres, les croix de chevalerie, médailles d'honneur, etc., accordées par le gouvernement ou par des sociétés autorisées, au père ou à ses ancêtres, appartiendraient, suivant certains auteurs, à l'aîné de la famille, et conséquemment ne devraient être ni inventoriés ni prisés (2). Mais cette opinion, qui n'était qu'une tradition des temps féodaux, semble abandonnée; et en général on décide que ces objets doivent être remis à titre de dépôt à celui des héritiers dont les parties conviennent ou qui est nommé par le juge en cas de désaccord, à la charge de les représenter à la famille à toute réquisition (3). Il a même été jugé

Dans une chambre à gauche de l'escalier, éclairée par deux fenêtres sur la rue et deux autres sur la cour.

Continuer l'inventorié et la prisée des objets mobiliers.

OBJETS LÉGUÉS. (N° 105.)

Par son testament, énoncé en l'intitulé, M. DUVAL a fait divers legs particuliers d'objets mobiliers.

Afin de faciliter la délivrance de ces objets et le payement des droits de mutation y afférents, ils vont être inventoriés et prisés par distinction :

Legs à M.....

41° Un secrétaire en acajou, etc. . . . . ., estimé. . . . . ., ci. . . | »   »   »   »

Legs à Mlle .....

42° Une commode en acajou, à dessus de marbre, etc. . . . . ., estimée. . . . ., ci. . . . . | »   »   »   »

ARGENTERIE ET BIJOUX. (N°s 109 et 110.)

43° Dix-huit couverts à filet, une cuiller à potage et une cuiller à ragoût, aux initiales G. V., pesant ensemble. . . . grammes, estimés à raison de deux cent huit francs le kilogramme. . . . ., ci. . . . . | »   »   »   »

44° Quinze autres couverts à filet, sans initiale, pesant ensemble. . . . ., estimés. . . ., ci.. . . . . . | »   »   »   »

45° Douze cuillers à café, sans initiale, pesant ensemble. . . . ., estimées. . . . . ., ci. . . . . . | »   »   »   »

46° Une timbale marquée des initiales J. V., du poids de. . . . ., estimée. . . . ., ci. . . . . | »   »   »   »

A reporter. . . . | »   »   »   »

---

(1) Tarif des commissaires-priseurs.

(2) Dict. not.. *Invent.*, n° 335, et *Prisée*, n° 51 ; Dutruc, *Partage*, n° 466; Roll., *Invent.*, n° 485, et *Prisée*, n°s 26, 27 ; Marcl Delaunoc. *Cours élém. du not.* n° 806.

(3) Demolombe, XV, 700 et 701 ; Trib. Rambouillet, 21 juin 1861 ; J. N., 17220.

que ces objets, constituant une valeur successorale, doivent être partagés ou licités entre les héritiers (1).

113. — Le second de ces trois systèmes est celui que nous avons enseigné, *Traité-form.*, n° *2000*; il nous semble donc qu'une description très-exacte de ces objets doit être faite dans l'inventaire, mais sans prisée.

114. — *Manuscrits; propriété littéraire.* Les manuscrits trouvés dans le cours de l'inventaire et les ouvrages publiés ou en cours de publication, qu'ils soient l'œuvre du défunt ou du conjoint survivant, constituent une propriété littéraire assujettie à des règles spéciales (*voir au titre de la Vente*); l'appréciation de ces sortes de valeurs présentant de grandes difficultés, il y a lieu seulement de décrire avec beaucoup de soin les manuscrits et ouvrages, et aucune estimation ne doit en être faite (2).

115. — *Objets étrangers à la succession.* S'il est trouvé des objets étrangers à la succession et réclamés par des tiers qui justifient de leurs droits, ils leur sont remis; s'ils ne peuvent être remis à l'instant et qu'il soit nécessaire d'en faire la description, elle est faite sur le procès-verbal des scellés s'il en a été apposé, et non sur l'inventaire (*C. pr.*, *939*). Lorsqu'il y a lieu de priser ces objets, la prisée en est portée dans une colonne particulière.

Report. . . . .

47° Douze cuillers à café en vermeil, aux initiales G. V., pesant ensemble. . . . ., estimées à raison de vingt-cinq centimes le gramme. . . . ., ci. . . . .
48° Une tabatière en or du poids de. . . . ., estimée à raison de deux francs vingt-cinq centimes le gramme . . . . ., ci. . . . .
49° Une montre en or, à répétition, avec quatre trous en rubis, échappement à cylindre, portant sur la boîte le numéro 6542, une chaîne et sa clef en or, le tout estimé. . . . ., ci. . . . .

ARMES, PORTRAITS DE FAMILLE. (N°s 112 et 113.)

50° Une épée d'honneur, garde en argent doré et lame d'acier, avec incrustations, offerte à M. DUVAL, père du défunt, par la garde nationale de . . . . ., alors qu'il était commandant de cette garde nationale; non estimée, attendu sa nature.
51° Un portrait signé de . . . . ., représentant M. DUVAL, père du défunt, en uniforme de commandant de garde nationale, avec cadre en cuivre doré; aussi non estimé, attendu sa nature.
52° . . . . .

MANUSCRIT. (N° 114.)

53° Un manuscrit sur papier pot, petit in-folio, avec couverture en papier bleu, ayant deux cent dix pages toutes écrites de la main de M. Pierre DUVAL, *de cujus*, portant le titre d'*Histoire de la ville de X*. . .; ce manuscrit, attendu sa nature, n'a pas été estimé.

OBJETS ÉTRANGERS A LA SUCCESSION. (N° 115.)

54° Dans une chambre, au premier étage, éclairée par. . . . . .

A reporter. . . . .

---

(1) Lyon, 20 déc. 1861; J. N. 17332.

(2) Dict. not., *Invent.*, n° 333, et *Prisée*, n° 65; Roll., *Invent.*, n°s 186, 187, et *Prisée*, n° 40; Bioche, *Invent.*, n° 262.

116.— *Deniers comptants.* L'inventaire doit contenir la désignation des espèces en numéraire (*C. pr.*, *945, 5°*), et celle des billets de banque.

117.— *Fonds de commerce, marchandises, achalandage.* Le matériel et les marchandises d'un fonds de commerce doivent être décrits et estimés (1).

118 — Lorsque le fonds soumis à un usufruit n'est pas vendu, il devient fongible, voir notre *Traité-form.*, *n° 1446, note 5*, par l'estimation qui en est faite et qui sert de base pour la restitution à faire à l'extinction de l'usufruit (2). L'estimation est également nécessaire si, en vertu d'une clause du contrat de mariage ou d'un acte de donation, le survivant a la faculté de conserver le fonds de commerce en toute propriété à la charge d'en précompter la valeur sur ses droits dans la communauté ou dans la succession du prémourant. Dans ces deux cas, l'achalandage, bien que constituant un objet incorporel, doit être compris dans l'estimation (3), à moins qu'il n'ait été stipulé que le survivant aurait droit au fonds de commerce sans tenir compte de la valeur de l'achalandage.

119.—Lorsque le fonds de commerce doit être vendu, on peut se dispenser de priser l'achalandage; il suffit d'en constater l'existence (4).

Report. . . . .

il s'est trouvé un canapé en acajou, recouvert en velours d'Utrech rouge, et quatre fauteuils aussi en acajou, recouverts en velours d'Utrech rouge; ces objets ont été réclamés par N. Louis Morel, tapissier, demeurant à. . . . . ., ici présent et à ce intervenant, qui déclare en être propriétaire et en avoir fait le dépôt dans la maison de M. Duval, ce qui est reconnu par les parties; pourquoi ces objets n'ont été ni inventoriés ni prisés, et ils ont été rendus à M. Morel, qui le reconnaît et a signé après lecture.

(Signature.)

ARGENT COMPTANT. (N° 116.)

55° Dans le cours du présent inventaire il a été trouvé une somme de dix-huit cents francs en :

Un billet de banque de cinq cents francs, ci. . .	500 »	
Une pièce d'or de cent francs, ci.	100 »	
Deux pièces d'or de cinquante francs, ci.	100 »	
Dix pièces d'or de vingt francs, ci.	200 »	
Quarante pièces d'or de dix francs, ci.	400 »	
Cent pièces d'argent de cinq francs, ci.	500 »	
Somme égale, ci.	1,800 »	1,800 »

Total de la prisée des objets inventoriés ce jour, y compris les deniers comptants, ci. . . . .

AJOURNEMENT POUR CONTINUER DANS UN AUTRE LIEU. (N° 62.)

Attendu qu'il est six heures de relevée, et qu'on a inventorié tous les meubles et objets mobiliers garnissant le domicile où M. Duval est décédé, il est renvoyé à demain. . . . . de ce mois, à huit heures du matin, pour continuer le présent inventaire en une maison située en cette ville, rue. . . . ., n°. . . . ., dont M. Duval était locataire, dans laquelle il exploitait le fonds de commerce de marchand de nouveautés, et où se trouvent le matériel et les marchandises dépendant de ce fonds de commerce.

(1) Roll., *Prisée*, n° 190.
2) Dict. not., *Invent.*, n° 339, et *Prisée* n 60.

3) Roll., *Invent.*, n° 493; Dict. Not., *Prisée*, n°s 57, 58.
(4) Dict. not., *Prisée*, n° 59; Roll., *Invent.* n° 492.

120.— Si, en vertu du contrat de mariage ou d'une donation faite par l'époux prédécédé, le fonds de commerce appartient au conjoint survivant, et qu'il n'y ait ni héritiers à réserve ni créanciers, on peut se dispenser de le décrire et de le priser (1).

121.— Lors de la prisée des marchandises et de l'achalandage il est utile d'appeler des marchands exerçant un commerce pareil pour aider l'officier priseur (2), *supra* n° 87.

122.— Si le survivant a le droit de conserver le fonds de commerce d'après une estimation à faire par deux experts choisis, l'un par le survivant, l'autre par les héritiers du conjoint prédécédé, la prisée a lieu de cette manière, et il est d'usage que les experts prêtent serment entre les mains du juge de paix si les scellés ont été apposés, ou du notaire s'il n'y a pas eu d'apposition de scellés; mais cet usage n'a rien d'obligatoire.

123.— La déclaration, faite dans l'inventaire par le survivant, qu'il entend user de la faculté réservée par le contrat de mariage de demeurer propriétaire du fonds de commerce pour le montant de l'estimation, dont il fera compte à la communauté, est l'exécution d'une convention matrimoniale, et ne donne pas lieu au droit de vente de meubles sur la moitié de la valeur estimative (3).

Les meubles, objets mobiliers et argent comptant ci-dessus inventoriés sont restés, du consentement des parties, en la garde et possession de Mme veuve Duval, qui s'en charge, pour les représenter quand, à qui, et ainsi qu'il appartiendra.

Il a été vaqué à tout ce que dessus depuis. . . . .

Et après lecture les parties ont signé. . . . .

(Signatures.)

INVENTORIÉ ET PRISÉE D'UN FONDS DE COMMERCE ET DES MARCHANDISES ET USTENSILES EN DÉPENDANT.
(N°s 117 à 123.)

Et aujourd'hui. . . . ., à huit heures du matin.

A. . . . ., rue. . . . ., n°. . . . ., dans une maison où M. Duval exploitait le fonds de commerce de marchand de nouveautés (n° 62).

Ou si la réquisition de transport n'a pas été précédemment énoncée :

Dans une maison située à. . . . ., rue. . . . . n°. . . . ., où M. Duval exploitait le fonds de commerce de marchand de nouveautés, et où les notaires, l'officier priseur et les parties se sont exprès transportés pour inventorier les objets et marchandises s'y trouvant, et qui dépendent des communauté et succession dont il s'agit.

Aux mêmes requête, présence et qualités qu'en l'intitulé des présentes,

Il va être, par M^e. . . . ., et l'un de ses collègues, notaires à. . . . ., soussignés,

Procédé à l'inventaire des marchandises dépendant du fonds de commerce, des effets mobiliers et ustensiles servant à son exploitation, et de l'achalandage.

Sur la représentation qui sera faite du tout par Mme veuve Duval, et par M. Ulysse Lebel, gérant du fonds de commerce, à ce intervenant, lequel averti du serment qu'il aura à prêter à la clôture des présentes de n'avoir rien détourné, vu ni su qu'il ait été rien détourné, directement ou indirectement, promet de s'y conformer (n° 62).

La prisée des objets à inventorier sera faite par M^e. . . . ., commissaire-priseur, de l'avis de : 1° M. Louis Monnet, marchand de nouveautés, demeurant à. . . . ., rue. . . ., n°. . . . .; 2° et M. Réné Nouvel, aussi marchand de nouveautés, demeurant en la même ville, rue. . . . ., n°. . . . ., choisis, le premier par Mme Duval, le second par les héritiers de M. Duval ; experts qui ont à l'instant prêté serment, ès mains des notaires

1) Dict. not., *Prisée*, n° 35; Roll., *Invent.*, n° 191.
2) Dict. not., *Prisée*, n° 61.

3) Trib. Lille, 27 août 1853; Cass., 7 avril 1856; J. N., 15142, 15777. CONTRA Trib. Seine, 4 juin 1856; J. N., 15858.

124.—*Mobilier de ferme*. Les chevaux, bestiaux, instruments aratoires, récoltes, fourrages, etc., garnissant un corps de ferme sont décrits et estimés comme il est dit *supra* n° *99* ; les chevaux, vaches, bœufs, mulets, ânes, etc., sont décrits par l'indication de leur âge, de leur espèce et de la couleur de leur robe ; les troupeaux par l'espèce et le nombre des têtes.

125.— *Croit des animaux*. Le croît des animaux, lorsque la mère a mis bas avant le décès, doit être décrit et estimé dans l'inventaire.

126.—Si la mère qui était pleine lors du décès a mis bas depuis, elle doit être prisée selon la valeur de bête pleine qu'elle avait au jour du décès ; quant aux petits, ils sont considérés comme fruits, et si on les estime ce doit être par distinction (1).

127.— *Objets immeubles par destination*. Il n'est pas utile de priser : 1° les objets que le propriétaire d'un fonds donné à ferme a livrés au fermier ou métayer pour la culture, voir notre *Traité-form.*,n° *1400*, lorsqu'ils sont désignés dans le bail, puisqu'ils doivent être rendus comme le fonds à la fin du bail avec la valeur qu'ils auront alors ; mais on doit avoir soin de les indiquer lors de l'analyse du bail ; 2° les effets

soussignés, de donner leur avis sur la prisée, en leur âme et conscience et en égard au cours du jour (n°ˢ 87, 93, 121).

Après lecture, ils ont signé.

(Signatures des experts.)

Si le survivant a le droit de conserver le fonds et les marchandises et ustensiles, l'on ajoute :

Avant qu'il soit procédé à l'inventorié des marchandises, ustensiles et achalandage, Mme veuve Duval déclare qu'aux termes de son contrat de mariage relaté en tête des présentes, et en sa qualité de survivante, elle a le droit de conserver pour son compte et à son profit : 1° le fonds de commerce de marchand de nouveautés dont il s'agit, ensemble les marchandises en dépendant et tous les objets mobiliers et ustensiles servant à son exploitation, pour le montant de l'estimation qui en serait faite par deux experts, avec faculté de s'en adjoindre un troisième en cas de désaccord, et à la charge de faire connaître son intention aux héritiers du mari dans les trois mois de son décès ; 2° et le bail des lieux dans lesquels le fonds de commerce est exploité, à la charge d'en payer seule les loyers et d'exécuter les conditions du bail, à partir du jour du décès de son mari.

Et qu'elle se réserve de faire connaître son intention à cet égard dans le délai ci-dessus rappelé.

Ou si elle accepte au moment de l'inventaire (n° 123) :

Qu'elle entend user de ce droit et conserver pour son compte le fonds de commerce, ensemble les marchandises, ustensiles et objets mobiliers en dépendant, aux conditions relatées en son contrat de mariage.

Et qu'elle manifeste ici sa volonté à cet égard, afin d'être dispensée de la notification que son contrat de mariage l'oblige à faire aux héritiers de son mari dans les trois mois du décès.

Après lecture, elle a signé.

(Signature.)

Les héritiers de M. Duval, et M. Rémy Duval, en sa qualité de subrogé tuteur de la mineure Duval, se tiennent pour notifiée la déclaration passée par Mme Duval.

Après lecture, ils ont signé.

(Signatures.)

A la suite de ces déclaration et reconnaissance, il est passé à l'inventaire et à la prisée des marchandises, ustensiles et achalandage.

1) Roll., *Prisée*, n° 81.

mobiliers attachés au fonds à perpétuelle demeure, c'est-à-dire scellés à chaux, plâtre ou ciment ou faisant corps avec la boiserie et qu'on ne pourrait enlever sans détérioration, *ibid.*, n° 1100; 3o les objets im-

---

Dans un magasin au rez-de-chaussée éclairé sur la rue.

56° Un comptoir en bois d'acajou, une banquette en même bois, à élastiques, couverte en velours d'Utrech marron, quatre autres comptoirs en chêne, douze chaises en merisier foncées en canne, huit mètres suspendus, une caisse avec casiers, le tout estimé . . . . , , . ., ci. . . . .
57° Neuf cent soixante mètres de drap fantaisie, estimés. . . ., ci. . . . .
58° Deux cents mètres de drap noir, estimés. . . . ., ci. . . . .
59° Trois mille mètres fantaisie pour robes, estimés. . . . . ., ci. . . . .
60°. . . . .

Total de la prisée des marchandises, effets mobiliers et ustensiles. . . . .

ACHALANDAGE. (N° 148.)

M^e. . . . ., commissaire-priseur, et MM. MONNET et NOUVEL, experts, après avoir examiné les livres de commerce, s'être rendu compte du chiffre d'affaires par chaque année, et ayant égard à la situation de la maison de commerce et au temps restant encore à courir du bail, ont estimé l'achalandage du fonds de commerce à la somme de. . . . ., non compris les marchandises, objets mobiliers et ustensiles dont la prisée a eu lieu séparément, ci. . . . .

Après lecture, les experts ont signé et se sont retirés.

(Signatures des experts.)

Et M. LEBEL, gérant de la maison de commerce, a affirmé, par serment prêté aux mains des notaires soussignés, qu'il a été compris au présent inventaire tout ce qui à sa connaissance dépend des communauté et succession, sans qu'il ait rien détourné, vu ni su qu'il ait été rien détourné directement ou indirectement.

RÉQUISITION DE TRANSPORT A UNE FERME. (N° 62.)

Les parties déclarent :

Que M. DUVAL, *de cujus*, exploitait les terres dépendant d'une ferme située en la commune de. . . . ., appelée la ferme de. . . . .;

Que le corps de ferme appartenait à M. DUVAL, et que les terres appartenaient tant à M. et à Mme DUVAL en propre, qu'à la communauté existant entre eux; qu'en outre ils avaient rattaché à cette ferme diverses pièces de terre tenues à location;

Que les objets mobiliers, instruments aratoires, bestiaux, grains, fourrages, garnissant le corps de ferme dépendent de la communauté d'entre M. et Mme DUVAL;

Qu'il y a lieu d'inventorier et de priser tous ces objets, et qu'il sera utile de rapporter au domicile mortuaire les registres, titres et papiers, afin de les réunir à ceux qui s'y trouvent et de ne faire du tout qu'un même classement;

En conséquence, les parties requièrent les notaires soussignés et l'officier priseur, lors de la prochaine vacation, de se transporter à. . . . ., au corps de ferme sus indiqué, pour la continuation du présent inventaire.

Et la vacation pour la continuation du présent inventaire a été ajournée à lundi. . . . . de ce mois, à huit heures du matin ; jour et heure où les parties promettent de se trouver au corps de ferme sus indiqué sans qu'il soit besoin de leur faire de sommation ; consentant à ce qu'il y soit procédé en leur absence comme en leur présence ;

meubles par destination dont l'enlèvement peut s'opérer sans laisser de traces, comme les statues placées dans des niches ou sur des piédestaux; mais ces objets doivent être décrits sans estimation (1).

Les objets mobiliers, ustensiles et marchandises inventoriés à la maison de commerce, ont été laissés, du consentement des parties, en la garde et possession de M. LEBEL, qui s'en charge pour les représenter quand, à qui et ainsi qu'il appartiendra.

Il a été vaqué à tout ce que dessus. . . . . ,

Après lecture, les parties, M. LEBEL et l'officier priseur ont signé avec les notaires, sans aucune approbation préjudiciable et sous toutes réserves.

(Signatures.)

INVENTORIÉ ET PRISÉE DE MOBILIER, INSTRUMENTS ARATOIRES, GRAINS, BESTIAUX, RÉCOLTES, LABOURS ET SEMENCES
(N° 121.)

Et aujourd'hui, lundi. . . . ., à huit heures du matin,

A la ferme de. . . . ., située commune de. . . . . (N° 62.)

En conséquence de la réquisition contenue en la vacation qui précède,

Aux mêmes requête, présence et qualités qu'en l'intitulé des présentes,

Il va être, par Mᵉ. . . . ., et l'un de ses collègues, notaires à. . . . ., soussignés,

Procédé à l'inventaire des meubles meublants, objets mobiliers, instruments aratoires, grains, fourrages, chevaux, bestiaux, garnissant la ferme de. . . . . et dépendant tant de la communauté ayant existé entre M. et Mᵐᵉ DUVAL, que de la succession de M. DUVAL

Sur la représentation qui sera faite du tout par M. Jérôme CAILLARD. gérant de la ferme, où il demeure, lequel averti du serment. . . . (comme plus haut [n° 62]).

La prisée des choses qui en sont susceptibles sera faite par M. . . . ., commissaire-priseur, de l'avis de MM. Louis BENOIT et Charles DUHAMEL, cultivateurs, demeurant à. . . . ., choisis, le premier par Mᵐᵉ DUVAL, et le second par les héritiers de M. DUVAL ; experts qui ont à l'instant prêté serment ès mains des notaires soussignés, de donner leur avis sur la prisée en leur âme et conscience, eu égard aux cours du jour. (Nᵒˢ 87 et 93.)

Après lecture, ils ont signé.

(Signatures des experts.)

Dans la cuisine ayant son entrée sur la cour, et éclairée par deux fenêtres sur la cour.

61° Au foyer : deux chenets, porte-broche, une pelle à feu, une pincette, un soufflet, un gril, un trépied en fer, estimés. . . . ., ci. . . . .   »   »

62° Un grand chaudron, un autre plus petit, trois grandes casseroles, le tout en fonte, estimé. . . . ., ci. . , . . · · · · · · · · · · · · · · · · · · ·   »   »

63°. . . . .

Dans la salle à manger ouvrant sur la cuisine, et éclairée par une fenêtre sur la cour.

64° Une table ronde pliante en merisier à six pieds et deux ralonges, estimée. . . ., ci. . . . .   »   »

65°. . . . .

Dans une chambre à droite de la cuisine, ouvrant sur la cuisine et éclairée par une fenêtre sur la cour.

66° Un lit composé de : une couchette en noyer, une paillasse, deux matelas,

A reporter. . . . . .   »   »

(1) Dict. not., *Prisée*, n° 65; Roll.. *ibid.*, n° 11.

128. — Quant aux objets que le propriétaire d'un fonds y a placés pour le service et l'exploitation du fonds, voir notre *Traité-form.*, n° *1400*, 2°, et qui n'auraient pas été livrés sur description à un fermier ou locataire tenu de les rendre à la fin de son bail, ils doivent être décrits, car ils pourraient être facilement enlevés et rendus à la classe des meubles; et on doit même les priser par distinction en indiquant leur destination, afin que dans la liquidation on les fasse entrer dans la masse des biens immeubles (1).

129. — Les pressoirs, immeubles par destination, sont ceux à arbre ou à roue, ou qui sont scellés ou autrement attachés et font corps avec le bâtiment ; on doit seulement les décrire et surtout bien indiquer les accessoires qui s'en détachent, mais sans estimation ; quant aux petits pressoirs à auge qui peuvent être facilement transportés, ils sont meubles et doivent être décrits et prisés (2).

Report.	»	»
un lit de plumes, un traversin, deux oreillers remplis de plumes, une couverture de laine, une courte-pointe, une paire de draps, baldaquin, tour de lit et rideaux en indienne, estimés . . . . ., ci		
67° Six chaises en merisier foncées de paille, une table ronde, estimées . . . . . . ci	»	»
68°		
Dans une autre chambre à gauche de la cuisine, ayant son entrée par la cour et éclairée par une fenêtre sur le jardin.		
69° Un lit composé de . . . . ., estimé . . . . ., ci	»	»
70° Une commode en merisier à trois compartiments, avec dessus de marbre. estimée . . . . ., ci	»	»
71°		
Dans l'étable à vaches.		
72° Une vache sous poil noir, âgée de quatre ans, estimée . . . . ., ci	»	»
73° Une autre vache sous poil rouge, âgée de cinq ans ; cette vache était pleine lors du décès de M. **Duval**, depuis elle a mis bas, et elle est estimée selon la valeur de bête pleine qu'elle avait lors du décès (n° 125.) à . . . . . ., ci	»	»
74° Un veau sous poil . . . . ., âgé de quinze jours, né de la vache qui vient d'être inventoriée (n° 126) ; ce veau, étant considéré comme fruit, est estimé par distinction à . . . . . ci	»	»
75° Une autre vache sous poil. . . . . ., etc.		
Dans l'écurie.		
76° Un cheval sous poil gris, âgé de six ans, estimé . . . . . . ci	»	»
77° Un cheval sous poil rouge, âgé de huit ans, estimé . . . . ., ci	»	»
78° Un poulain sous poil noir, âgé de huit mois, estimé . . . . ., ci	»	»
79°		
Dans une bergerie à côté de l'écurie.		
80° Deux cent quatre-vingts moutons de différents âges, estimés . . . . ., ci . .	»	»
81° Cent dix agneaux de lait, estimés . . . . ., ci	»	»
82° Deux chiens de berger, estimés . . . . ., ci	»	»
83° Une cabane de berger, montée sur roues, estimée . . . ., ci	»	»
Sous un chartil faisant suite à la bergerie.		
84° Une voiture à quatre roues, montée sur essieux en fer, estimée . . . . . ci .	»	»
85° Une autre voiture.		
A reporter.	»	»

(1) Dict. not., *Prisée*, n° 66 ; Roll., *ibid.*, n° 52.   (2) Dict. not., *Prisée*, n° 69 ; Roll., *ibid.*, n° 46.

130.—Les pigeons, lapins et poissons, immeubles par destination, tels que les pigeons des colombiers, les lapins des garennes, les poissons des étangs (*C. N.* 524), ne sont pas compris dans l'inventaire ; quant aux pigeons dans une volière, aux lapins dans un clapier, aux poissons dans un vivier, ils sont meubles et ils doivent être décrits et prisés (1).

131.—*Pailles et engrais.* Les pailles et engrais sont *meubles* et doivent être décrits et prisés lorsque l'usage du père de famille est de les vendre (2) ; mais il en est autrement s'ils ont été placés par le propriétaire pour le service et l'exploitation du fonds (*C. N.*, 524).

132.—*Échalas.* Les échalas sont toujours destinés à la culture des vignes ; ils en sont donc un accessoire perpétuel, et il suffit d'en dire le nombre sans prisée (3).

Report.	»	»
Sous un autre chartil en face de celui qui précède.		
86° Deux charrues en fer avec trains, arrière-trains et coutres, estimées. . . . ., ci. . . .	»	»
87° Cinq herses en fer, deux herses en bois, un rouleau, estimés. . . . ., ci	»	»
Dans une grange à côté du chartil qui précède.		
88° Une machine à battre, avec ses accessoires, estimée. . . . ., ci. . . .	»	»
89° Deux moulins à vanner et leurs accessoires, quatre cribles, estimés. . . . ., ci.	»	»
90° Douze cents gerbes de blé, estimées. . . . ., ci.	»	»
91° Seize cents gerbes d'orge, estimées. . . . ., ci.	»	»
92° Trois mille gerbes d'avoine, estimées. . . . ., ci.	»	»
93°		
Dans le pressoir. (N° 129.)		
94° Un grand pressoir à roue, avec ses accessoires, comprenant deux fortes visses en bois, quinze planches, une grande cuve à vin, une autre grande cuve à cidre, deux autres petites cuves, deux cuviers, trois brocs, trois pelles en bois, le tout non estimé comme étant immeuble par destination.		
Dans un autre bâtiment à côté.		
95° Un petit pressoir à auge avec ses accessoires, comprenant : une selle en bois, une cuve de moyenne grandeur, deux autres cuves plus petites, deux brocs, deux pelles en fer (n° 129), estimés . . . ., ci	»	»
Dans un petit bâtiment à côté.		
96° Six lapins, au-dessus trois couples de pigeons (n° 130), estimés. . ., ci. . . . . •	»	»
Dans la cour.		
97° Une meule de mille bottes de paille de blé (n° 131), estimée. . ., ci .	»	»
98° Le fumier de la cour (n° 131), estimé. . ., ci.	»	»
99° Un tas d'échalas pour vignes, comprenant environ mille échalas, non estimés en raison de leur nature d'immeubles par destination (n° 132).		
100° Un tas de briques en comprenant environ deux mille (n° 133), estimé. . ., ci	»	»
101° Deux fenêtres, chacune à trois carreaux, momentanément détachées du bâtiment à usage de laiterie se trouvant au fond de la cour, et destinées à y être replacées prochainement, pourquoi elles ne sont pas estimées (n° 133).		
A reporter.	»	»

(1) Dict. not., *Prisée*, n° 68 ; Roll., *ibid.*, n° 45.
(2) Roll., *Prisée*, n° 47.   (3) Roll., *Prisée*, n° 48.

133.—*Matériaux.* Nous avons vu, *Traité-form.*, n° *1404*, 5°, que les matériaux provenant de la démolition d'un édifice, et ceux assemblés pour en construire un nouveau sont meubles; on doit donc les décrire et priser (1). Il n'en n'est pas de même des matériaux qui ne sont séparés de la construction que momentanément; ils continuen d'être immeubles, *ibid.*, n° *1599*, 5°, et on doit seulement les décrire (2).

134.—*Pépinières.* Les arbres d'une pépinière provenus du semis que le propriétaire a fait sur son propre fonds sont immeubles, voir notre *Traité-form.*, n° *1400*, 5°, et ne doivent être ni décrits ni estimés; au contraire ils sont meubles et doivent être décrits et prisés, lorsque les arbres ont été arrachés et conservés pour être vendus, alors même qu'ils auraient été transplantés dans un autre lieu en attendant la vente; ils sont meubles dans tous les cas au regard du fermier, qui a le droit de les enlever à la fin de son bail (3), et ils doivent être prisés dans l'inventaire après le décès du fermier.

135.—*Arbustes, oignons de fleurs.* Il en est de même des arbustes et oignons de fleurs plantés en pleine terre ; ils sont immeubles pour le propriétaire du fonds et ne doivent être ni inventoriés ni prisés, à moins qu'ils n'aient été provisoirement retirés de la terre; alors comme ils sont susceptibles d'être détournés, ils doivent être décrits, mais sans estimation, puisqu'ils conservent leur nature d'immeubles. En ce qui concerne le locataire, qu'ils soient dans le sein de la terre ou qu'ils en aient été retirés, ils sont toujours meubles et ils doivent être décrits et estimés (4).

136.—Les arbustes et fleurs plantés dans des pots ou des caisses sont meubles comme les pots et les caisses, et doivent être décrits et estimés (5).

137.—*Fruits naturels et industriels; labours et semences.* Les productions de la terre venues sans culture (fruits naturels), ou avec la culture (fruits industriels), sont immeubles tant qu'elles sont pendantes par racines ou branches, voir notre *Traité-form.*, n° *1599*, 2° ; elles suivent donc l'immeuble auquel elles sont incorporées, et pas plus que lui, elles ne doivent être prisées dans l'inventaire (6).

138.—Ainsi, lorsque l'inventaire ne comprend que les biens d'une succession, c'est-à-dire quand le décès n'a pas donné lieu à une dissolution de communauté, on ne doit faire aucune prisée ni des labours et semences, ni des récoltes non détachées, alors même que l'époque de leur maturité serait prochaine; si

---

Dans le jardin.

Report. . . . .

102° Deux mille jeunes pommiers et poiriers, récemment arrachés, se trouvant encore dans un carré du jardin cultivé en pépinière, et destinés à être vendus (n° 134), estimés. . . ., ci. . . . .

103° Divers arbustes et fleurs à oignons non décrits ni estimés en raison de leur nature d'immeubles par destination (n°s 135 et 136).

Montant de l'estimation des objets inventoriés à la vacation de ce jour . .

Dans les champs.

LABOURS, ENGRAIS, SEMENCES, RÉCOLTES. (N°s 137 à 146)

I. — *Terres propres à feu M. Duval sur la commune de N....* (N°s 142 et 143.)

104. Les labours, engrais et semences en blé faits et jetés sur :
Quatre hectares lieu dit le Val, section D, n° 56 partie, estimés. . . . ., ci.
Six hectares lieu dit . . . . ., estimés. . . . ., ci. . . . .

A reporter. . . . .

---

(1) Dict. not., *Prisée*, n° 73; Roll., *Prisée*, n° 52.

(2) Toullier, III, 19; Roll., *Prisée*, n° 50;

(3) Dict. not., *Prisée*, n°s 79, 81; Roll., *Prisée*, n°s 55 à 57.

(4) Dict. not., *Prisée*, n° 82; Roll., *Prisée*, n° 58.

(5) Dict. not., *Prisée*, n° 83; Roll., *Prisée*, n° 59.

(6) Voir cependant Dict. not., *Invent.*, n° 344.

une partie des récoltes était coupée lors du décès, cette partie serait seule meuble, voir notre *Traité-form.*, n° *1599, 2°*, et devrait seule être prisée dans l'inventaire.

139.—Avant le Code, quelques coutumes déclaraient meubles les récoltes non détachées lorsque leur maturité était prochaine; ainsi, dans certains pays, cette époque était fixée pour les blés, les orges et les avoines au 23 juin, pour le raisin au 22 juillet, pour les pommes à cidre au 31 août; d'un autre côté, l'art. 626 C. Pr. permet, avec les formes prescrites pour les meubles, la saisie des récoltes sous le nom de *saisie-brandon* dans les six semaines qui précèdent leur maturité, ce qui doit être sans aucune influence sur leur nature légale. Néanmoins, soit par une fausse interprétation de cet article, soit par une réminiscence de l'ancien droit, l'usage existe dans quelques contrées de priser les récoltes lorsque leur maturité est prochaine (1); cet usage, en désaccord avec les véritables principes de la loi moderne, ne se justifie d'ailleurs par aucun caractère d'utilité: lorsque les récoltes non détachées lors du décès sont plus tard recueillies, elles constituent des fruits de succession et figurent dans la liquidation ou le compte de fruits, non selon leur valeur au jour du décès, mais selon ce qu'elles ont réellement produit par suite de la vente faite sur pied ou après qu'elles ont été recueillies; leur estimation à tous égards est sans objet, car les intempéries de l'air peuvent modifier les prévisions et rendre fausses les évaluations des quantités et de la qualité (2); elle peut même avoir cet inconvénient d'exposer aux réclamations de la régie qui pourrait prétendre, bien à tort, que le droit de mutation est dû sur toute la prisée, y compris celle des récoltes (3).

140.— Cependant, comme il est utile d'indiquer l'état exact de la succession, et de préparer les éléments du compte des fruits, on doit désigner les immeubles qui contiennent les récoltes par leur superficie, leur situation, et l'espèce de récoltes ou de fruits qui y sont pendants par branches ou par racines (4).

141.—Si depuis le décès, des récoltes ont été détachées ou des fruits coupés, il suffit de les décrire sommairement; et si l'on croit devoir en faire la prisée, on la porte dans une colonne particulière en énonçant que les objets prisés sont seulement considérés comme des fruits (5).

Report.	»	»
105° Les labours et semences en orge sur :		
Deux hectares lieu dit. . . . ., section. . . . . ., n°. . . . ., estimés. . . . ., ci.	»	»
Un hectare lieu dit. . . . ., estimé. . . . ., ci.	»	»
106° Les labours et semences en avoine sur :		
Trois hectares lieu dit. . . . ., section. . . . ., n°. . . . ., estimés. . . . ., ci.	»	»
Quatre hectares lieu dit. . . . ., section. . . . ., n°. . . . ., estimés. . ., ci.	»	»
107° Les labours, engrais et ensemencements en luzerne sur :		
Deux hectares cinquante ares lieu dit. . . . ., section. . . . ., n°. . . . .,		
estimés. . . . ., ci.	»	»
Quatre hectares	»	»
108°.		
Total de l'estimation des labours, engrais et semences sur les propres de		
M. Duval.	»	»

II. — *Terres propres à* Mme *veuve Duval sur la commune de* N.... (N°s 142 et 143.)

Faire une pareille indication et désignation pour les labours, engrais et semences en blé, avoine, orge, seigle luzerne, etc., sur les terres propres à la veuve.

III. — *Terres dépendant de la communauté sur la commune de* N... (N° 144.)

Pour ordre, l'on indique ici celles des terres de labour dépendant de la communauté qui sont chargées de récolte :

109° *Récolte en blé* : quatre hectares lieu dit. . . . ., section. . . . ., n°. . . . ., du plan cadastral ;

(1) Cet usage est encore enseigné comme règle par quelques auteurs : Dict. not., *Prisée*, n° 92; Roll., *ibid.*, n° 65 ; Harel-Delanoe, *Cours élém. de notar.*, n° 806.
(2) Dict. not., *Prisée*, n° 93 ; Roll., *ibid.*, n°s 74 à 75.

(3) Paultre, *Rer. not.*, art. 53.
(4) Paultre, *Rer. not.*, art. 53.
(5) Dict. not., *Prisée*, n° 97.

142.—Lorsque l'inventaire a lieu après la dissolution par décès d'une communauté ou société d'acquêts, on ne prise pas les récoltes non détachées, ni les fruits non recueillis sur les immeubles propres des époux (1), car chacun d'eux les reprend dans l'état où ils se trouvent (*C. N.*, *1470*); mais comme les époux ne peuvent s'enrichir aux dépens de la communauté et doivent l'indemniser des frais de culture (*C. N.*, *1437*), l'inventaire comprend l'estimation des labours, engrais et semences qui ont été faits sur les terres chargées de récoltes, en distinguant les propres du mari de ceux de la femme. Cette estimation est faite par des cultivateurs du lieu, connaissant bien la nature des terres, et reste étrangère à l'officier chargé de la prisée des meubles (2). Lorsque les récoltes ont de peu de valeur, une déclaration faite par les parties d'accord peut suffire.

143.—L'estimation des labours, engrais et semences, sur les propres, doit être faite même en présence d'un usufruitier de tout ou partie des biens laissés par le *de cujus*, quoiqu'il ne soit pas tenu de les payer (*C. N.*, *585*) (3); mais la succession du prédécédé en doit compte à la communauté, et c'est en raison de cela que l'estimation est nécessaire.

144.— Lorsqu'il existe des récoltes non coupées et des fruits non détachés sur les immeubles de la communauté, il n'y a pas lieu, même lorsque leur maturité est très-prochaine, de les estimer dans l'inventaire, ni d'estimer les frais de labours, engrais et semences; car les immeubles sur lesquels ils se trouvent sont compris dans l'actif de la communauté, selon leur état au jour de sa dissolution, et la valeur des récoltes recueillies postérieurement est portée au compte des fruits, *supra n°ˢ 139, 140 et 141*. Cette estimation n'est pas utile non plus en présence d'un usufruitier total ou partiel des biens du prédécédé, puisque d'une part il a droit aux fruits existants sans payer les frais de culture (*C. N.*, *585*), et que, d'ailleurs, la succession n'est pas tenue de ces frais qui sont à la charge de la communauté.

Trois hectares lieu dit. . . . ., section. . . . ., n°. . . . .
110° Récolte en seigle. . . . ., etc. . . . .

Terres tenues à location sur la commune de N. . . . . (N° 145.)

Si l'on admet le premier système du n° 145, on indique celles des terres qui sont chargées de récoltes, ainsi que nous venons de le faire pour les biens de communauté. — Si l'on admet le second système, il faut estimer les labours, engrais et semences, lorsque la maturité des récoltes est éloignée de plus de six semaines, — ou les récoltes, lorsque l'on est dans la période des six semaines qui précèdent leur maturité; dans ce cas, on procède de la manière suivante :

111° La récolte en blé à faire sur une pièce de terre en labour, sise commune de. . . . ., lieu dit. . . . ., de la contenance de. . . . ., section. . . . ., n°. . . . ., estimée, ci. . . . .
112° La récolte en avoine à faire. . . . . etc., ci. . . . .
Total de l'estimation des récoltes. . . . ., ci. . . . .

Récoltes coupées. (N° 141.)

113° La récolte en luzerne provenant de la coupe faite avant le décès sur une pièce de terre située commune de. . . . ., lieu dit. . . . . de la contenance de. . . . . section. . . . . n°. . . . du plan cadastral, tenue à ferme de M. . . . . . et gisant en veillottes sur cette pièce de terre, formant environ quatre mille bottes, estimées. . . . . ci. . . . .
114° La récolte en trèfle provenant de la coupe faite depuis le décès sur une pièce de terre en labour située commune de. . . . ., lieu dit. . . . . de la contenance de. . . . , section. . . . . n°. . . . du plan cadastral, dépendant de la communauté d'entre M. et Mᵐᵉ Duval, et gisant à l'état de récolte fauchée sur cette pièce de terre, formant environ deux mille cinq cents bottes, estimées. . . , ci.
115° La récolte en. . . . ., etc., ci. . . . .
Total de l'estimation des récoltes coupées, ci . . . .

---

1. Dict. not., *Prisée*, nᵒˢ 85, 86; Roll., *Prisée*, n° 64.
2. Dict. not., *Prisée*, nᵒˢ 94, 95; Roll., *ibid.*, nᵒˢ 68 à 71.

3. Douai, 20 déc. 1848; J. N. 43950.

145.—Si l'inventaire a lieu après le décès d'un fermier de biens ruraux, la question est plus délicate : le droit au bail est une chose mobilière, et en pareil cas les récoltes pendantes sont nécessairement meubles (1); aussi la régie émet-elle la prétention qu'elles doivent être estimées pour être assujetties au droit de mutation par décès, lorsque leur maturité est prochaine (2). En serait-il de même au regard des droits des parties ? La solution de cette question peut être présentée de deux manières : selon un *premier système* on dit : les récoltes, étant des fruits industriels qui ne s'acquièrent que du jour où ils sont matériellement détachés (*C. N.*, *585*), il n'y a pas lieu de les estimer, leur produit devant seulement figurer dans le compte des fruits, *supra* n° *144*, sans qu'il y ait à faire tenir compte, par la masse des fruits à la masse des fonds, des frais de culture, qui doivent être considérés comme une dépense définitivement consommée. A plus forte raison, en serait-il ainsi en présence d'un usufruitier; car c'est le droit au bail lui-même qui est soumis à l'usufruit, et non pas seulement les bénéfices à obtenir sur le bail; ces bénéfices sont définitivement acquis à l'usufruitier et ne sont pas sujets à restitution (3); or, c'est un principe qui paraît général et applicable aussi bien à l'usufruit d'une chose mobilière qu'à l'usufruit d'un immeuble, que l'usufruitier a droit aux fruits existants au moment où s'ouvre l'usufruit, sans récompense des labours, engrais et semences (*Arg.* *C. N.*, *581* et *585*). — D'après un *second système*, les récoltes mises dans le fonds affermé y sont à titre de dépôt et, comme toutes les autres choses mobilières, constituent un actif en fonds selon leur valeur au jour du décès; elles doivent donc être estimées dans l'inventaire pour le montant des frais de labours, engrais et semences, *supra* n° *142*, si elles ne sont pas encore appréciables en raison de ce que l'époque de leur maturité est éloignée de plus de six semaines (*Arg. C. pr.*, *626*)., ou pour ce qu'elles valent comme récoltes à détacher si l'on est dans la période des six semaines qui précèdent leur maturité. Lorsque le droit au bail passe à un usufruitier, il y a la même

---

Récapitulation des prisées.

Prisée de la vacation du	»	»
Prisée de la vacation du	»	»
Argent comptant.	»	»
Estimation des engrais, labours et semences sur les biens de la succession.	»	»
Estimation des engrais, labours et semences sur les propres de Mme Duval.	»	»
Estimation des récoltes ou des engrais, labours et semences sur les terres tenues à location.	»	»
Prisée des récoltes coupées, ci	»	»
Réunion	»	»

CLOTURE A LA FERME.

Il a été vaqué à tout ce que dessus, depuis huit heures du matin jusqu'à cinq heures de l'après midi, par triple vacation.

Et attendu que dans les bâtiments et dépendances du corps de ferme il ne s'est plus rien trouvé à inventorier, M. Caillard a affirmé, sous serment prêté aux mains des notaires soussignés, qu'il a fait comprendre au présent inventaire tout ce qui à sa connaissance peut dépendre de la communauté d'entre M. et Mme Duval et de la succession de M. Duval, sans qu'il ait rien détourné, vu ni su qu'il ait été rien détourné directement ou indirectement.

Tous les objets inventoriés dans le corps de ferme et ses dépendances sont restés en la garde et possession de M. Caillard, qui le reconnaît et s'en charge, pour en faire la représentation quand, à qui et ainsi qu'il appartiendra.

Pour la continuation du présent inventaire, il est renvoyé, du consentement des parties, au . . . . . ., jour et heure où les parties promettent de se trouver, à . . . . ., rue. . . . . .

---

(1) Demolombe, IX, 456 et suiv; Demante, II, 343; Mourlon, I, 4361. (2) Dict. not.. *Succ*. n° 582; Roll., *Mutations (droit de)*. n° 93, 4°; Championnière et Rigaud, n° 3674; inst. 31 décemb. 4898; trib. Napoléon-Vendée, 22 déc. 1838; J. N. 0756, 10950. Voir cependant Garnier, n°s 12909. 12910. selon lequel le droit ne devrait être perçu que sur le montant des frais de labours, engrais et semences. (3) Cass. 19 janv. 1857; J. N. 16039; contra Demolombe, n° 330.

raison pour l'estimation, car l'art. 585 n'est plus applicable : en effet, il suppose que les liens ensemencés sont eux-mêmes soumis à l'usufruit, tandis que dans l'espèce il n'y a que le droit au bail, chose incorporelle, qui y soit sujet (1) ; l'usufruitier ne doit donc profiter des récoltes qu'à la charge de tenir compte à la cessation de son usufruit, selon les cas, ou de l'estimation des labours, engrais et semences, ou de la prisée des récoltes ; et, si le bail n'est pas expiré à la fin de l'usufruit, il a un pareil droit sur les récoltes alors pendantes (*Arg., loi* 23 *mess. an III*).

146.—Si lors du décès une coupe est commencée sur un bois propre à l'un des époux, ou une tonte sur un troupeau également propre à l'un des époux, on ne doit priser comme actif de communauté que le bois ou les toisons qui étaient coupés lors du décès ; quant à ceux coupés depuis et avant l'inventaire il n'y sont indiqués que sommairement comme fruits de succession, *supra n° 141*. Si le bois ou le troupeau appartient au conjoint survivant, il n'est fait aucune description des coupes et des tontes postérieures au décès (2).

§ 3. — INVENTORIÉ DES PAPIERS.

147.— Les papiers doivent être cotés par les indications suivantes : S'il n'y a qu'une seule pièce dans une cote, *pièce unique de la cote...* ; s'il y en a plusieurs, *pièce 1re ou 2e... ou 3e et dernière de la cote...* Puis l'un des notaires appose son paraphe au-dessous de la cote (*C. pr., 945, 6°*).

n°. . . . . ., au domicile mortuaire de M. Duval, sans qu'il soit besoin de leur faire de sommation ; consentant à ce qu'il y soit procédé en leur absence comme en leur présence.

Et après lecture, etc. . . . .

RETOUR AU DOMICILE MORTUAIRE.

Et aujourd'hui. . . . .,
A. . . . ., rue. . . . ., n°. . . . ., au domicile où est décédé M. Duval,
En conséquence de l'ajournement contenu en la clôture de la vacation précédente,

Aux mêmes requête, présence et qualités. . . . .,
Il va être, par Mᵉ. . . . .,
Procédé à la continuation de l'inventaire après le décès de M. Duval..

CLASSEMENT DES PAPIERS

Les titres, papiers et registres trouvés pendant le cours des opérations au domicile mortuaire, au lieu du siége de l'établissement de commerce et dans le corps de ferme, ont été réunis pour être classés.

Mᵉ. . . . ., l'un des notaires soussignés, s'est livré à l'examen et au classement de ces titres, papiers et registres.

Il a été vaqué à ce travail depuis. . . . . jusqu'à. . . . .

Tous ces papiers ont été laissés en la garde et possession de Mᵐᵉ veuve Duval, qui s'en charge pour les représenter à l'ouverture de la prochaine séance.

Les parties se sont ajournées, pour la continuation de l'inventaire, au. . . . .

Et après lecture. . . . ., etc.

CLOTURE D'UNE VACATION PORTANT RENVOI A L'ÉTUDE POUR L'INVENTORIÉ DES PAPIERS. (N° 149.)

Pour la continuation du présent inventaire il est renvoyé au. . . . . . jour et heure où les parties promettent de se trouver à. . . . ., en l'étude de Mᵉ. . . . ., l'un des notaires soussignés, où les titres, papiers et registres seront transportés pour y être inventoriés.

---

(1) Roll., *Prisée*, no 80.

(2) Roll., *Usufruit*, n° 240. Voir aussi la décision de la régie et jugement de Napoléon-Vendée précités.

148.— En outre, quoique la loi ne le prescrive pas textuellement, le notaire analyse sommairement les papiers pour en faire ressortir l'actif et le passif de la communauté ou de la succession, les reprises des époux sur la communauté, et les indemnités dues par eux à la communauté.

149.— Les papiers sont inventoriés au domicile du *de cujus*. Toutefois voir *supra* n° 61.

150.— Si des papiers se trouvent dans d'autres lieux que celui où l'inventaire se fait, ou s'il en est qui soient en la possession de personnes tierces, tout intéressé peut exiger qu'ils soient rapportés au lieu où il est procédé, et, s'ils ont été remis en nantissement, qu'ils soient dégagés, si cela est possible. En cas de désaccord, il est statué par voie de référé (1).

151.— Lorsque le dépositaire des papiers refuse de les remettre, on ne peut, sans son consentement, se transporter chez lui pour en faire l'inventorié, le domicile des citoyens étant inviolable (2).

152.— Un tiers dépositaire de papiers peut comparaître pour les faire inventorier ou pour en opérer la remise, ce que l'inventaire constate; si les papiers doivent lui être rendus, ils sont inventoriés en sa présence. Il signe la partie de l'inventaire où l'on constate sa comparution et son objet (3).

153.— C'est au notaire qu'il appartient exclusivement de constater et décrire les titres et papiers; le

---

OUVERTURE DE VACATION EN L'ÉTUDE.

A....., rue....., en l'étude de M°....., notaire, où les parties ont jugé convenable de faire transporter les titres, papiers et registres qui vont être inventoriés.
En conséquence....., etc.

ANALYSE DES PAPIERS. (N°⁵ 147 à 193.)

Contrat de mariage. (N°ˢ 155 et 156.)

COTE PREMIÈRE, trois pièces.
La première est l'expédition sur parchemin d'un contrat passé devant M°....., qui en a gardé minute, et l'un de ses collègues, notaires à....., le....., contenant les clauses et conditions civiles du mariage alors projeté entre M. DUVAL et Mᵐᵉ Julie VERNIER, restée sa veuve.
Aux termes de ce contrat :
Sous l'article premier, les futurs époux ont adopté le régime de la communauté.
Sous l'article deux, il a été dit que les dettes personnelles des futurs époux antérieures à la célébration du mariage, ensemble celles dont pourraient être grevés les biens et droits dont ils deviendraient respectivement propriétaires pendant le mariage, seraient acquittées par celui des époux qui les aurait créées ou du chef duquel elles seraient provenues, sans que l'autre époux ni la communauté en fussent aucunement chargés.
Sous l'article trois, le futur époux a déclaré faire l'apport, comme provenant de ses gains et épargnes :
1° Des vêtements, linge et bijoux à son usage personnel, d'une valeur de quinze cents francs;
2° D'une somme de quatre mille francs en numéraire;
3° D'une somme de huit mille francs en créances sur divers, d'un recouvrement certain;
4° Du fonds de commerce de....., qu'il exploitait alors, avec les marchandises le garnissant, le matériel et divers objets mobiliers, le tout estimé sept mille francs;
5° D'une somme de onze mille francs due par M. Charles HOUEL, marchand de toiles, demeurant à....., pour le prix de la vente que M. DUVAL lui avait faite d'une

---

(1) De Belleyme, II, 236; Dict. not., *Invent.*, n° 353; Roll., *ibid.*, n°ˢ 171, 243.

(2) Bilhard, *Bénéf. d'invent.*, n° 146; Roll., *Invent.*, n°ˢ 172, 244.
(3) Dict. not., *Invent.*, n° 355 ; Roll., *Invent.*, n° 245.

juge de paix ne peut ni ne doit en prendre lecture, même sous le prétexte de rechercher un testament ou autre pièce (1).

154.— Afin de procéder par ordre, il faut avant tout classer les papiers ; s'agit-il de l'inventaire d'une communauté et d'une succession, le classement se fait de la manière suivante : 1° le contrat de mariage, s'il y en a un ; 2° le testament ou autre acte de disposition ; 3° les titres relatifs aux propres des époux ; 4° les titres des immeubles acquêts ; 5° les titres de créance ; 6° les livres de commerce ; 7° les papiers divers.

maison située à. . . . ., rue. . . . ., n°. . . . ., suivant contrat passé devant M⁰. . . . ., notaire à. . . . ., le. . . . . ; plus l'intérêt de cette somme à cinq pour cent par an, depuis le. . . . .

Le futur époux a déclaré que son apport était grevé d'une somme de sept mille francs, dont il était débiteur envers plusieurs personnes.

Sous l'article quatre, M. et Mᵐᵉ Duval, père et mère du futur époux, lui ont fait donation, par avancement d'hoirie, d'une somme de trente mille francs en numéraire, stipulée payable le jour du mariage, dont la célébration, devant l'officier de l'état civil, en vaudrait quittance.

Sous l'article cinq, la future épouse a déclaré faire l'apport :

Premièrement, des vêtements, linge, dentelles et bijoux à son usage personnel, d'une valeur de trois mille francs, provenant de ses épargnes.

Deuxièmement, des objets dont l'indication suit, formant le lot qui lui est échu par le partage fait entre elle et son frère, suivant acte passé devant M⁰. . . . . notaire à. . . . ., le. . . . ., des biens dépendant de la succession de M. Jules Vernier, leur père, décédé à. . . . ., le. . . . ., dont ils étaient héritiers chacun pour moitié :

1° Une somme de dix-sept cents francs en deniers comptants ;

2° Une créance de huit mille francs sur M. et Mᵐᵉ. . . . ., montant de l'obligation pour prêt qu'ils avaient souscrite au profit de M. Vernier, suivant acte passé devant M⁰. . . . ., notaire à. . . . ., le. . . . ., plus l'intérêt à cinq pour cent de cette somme depuis le. . . . . ;

3° Un titre de quatre cents francs de rente trois pour cent sur l'État français, porté sur le grand-livre de la dette publique, au nom de la future épouse, n°. . . . ., de la. . . . série ; plus les arrérages de cette rente depuis le. . . . . ;

4° Une prairie de la contenance de. . . . ., située à. . . . ., lieu dit. . . . ., section. . . . ., n°. . . . . ;

5° Une pièce de terre labourable, contenant. . . . ., situé à. . . . ., lieu dit. . . . ., section. . . . ., n°. . . . . ;

6° Et un bois de la contenance de. . . . ., situé à. . . . ., lieu dit. . . . ., section. . . . . n°. . . . .

Sous l'article six, Mᵐᵉ veuve Vernier, mère de la future épouse, lui a fait donation, par avancement d'hoirie :

1° D'un trousseau composé de linge de ménage et d'objets mobiliers pour une valeur de huit mille francs ;

2° Et d'une somme de trente mille francs en numéraire.

Le trousseau a été stipulé livrable le jour du mariage, dont la célébration en vaudrait quittance.

Quant à la somme de trente mille francs, elle a été stipulée payable un an après la célébration du mariage.

Sous l'article sept, les futurs époux se sont réservé propres et ont exclu de la communauté tant leurs apports en mariage et les objets dont il leur a été fait donation que

(1) Dict. not., Jurent., n° 359; Roll., ibid., n° 237; Aix, 8 juill. 1830; J. N. 7204; Voir aussi Caen, 10 août 1857, J. N. 13680.

155.— *Contrat de mariage.* L'analyse porte sur le régime, les apports des époux, les droits de survie les stipulations relatives à la dissolution du mariage, et les donations mutuelles entre époux.

156.— A la suite de l'analyse du contrat de mariage, on énonce sous forme de déclarations par les parties : 1° la date de la célébration du mariage, afin de faire connaître le jour où la communauté a commencé et de constater que le contrat est antérieur à la célébration; 2° la réalisation des apports des

les biens meubles et immeubles dont ils deviendraient respectivement propriétaires pendant le mariage par succession, donation, legs ou autrement.

Sous l'article huit, il a été dit que le survivant des époux prélèverait, à titre de préciput, sur les biens meubles de la communauté, avant tout partage, tels des objets mobiliers et valeurs que bon lui semblerait, jusqu'à concurrence de trois mille francs, d'après la prisée de l'inventaire, ou cette somme en deniers comptants, à son choix;

Qu'en outre, la future épouse, si elle survivait, prélèverait encore, à titre de préciput, l'accroissement qui serait survenu dans les vêtements, linge, bijoux et dentelles à son usage personnel, et dans ses instruments, cahiers et albums de musique.

Que la future épouse survivante aurait droit à ces préciput et augment de préciput, en acceptant la communauté comme en y renonçant; et qu'en cas d'insuffisance des biens de la communauté, elle les prélèverait sur les biens du futur.

Sous l'article neuf, il a été expliqué que, sur la masse des biens qui existeraient lors de la dissolution de la communauté, les époux ou leurs héritiers et représentants prélèveraient, conformément à la loi : 1° les apports en mariage des futurs époux ci-dessus constatés; 2° les biens dont ils deviendraient propriétaires pendant le mariage, par successions, donations, legs ou autrement; 3° les récompenses qui pourraient être dues aux époux par la communauté. Le tout sous la déduction des indemnités dont les époux pourraient être débiteurs envers la communauté.

Que ce qui resterait, après le prélèvement des reprises dont il vient d'être question ainsi que des préciput et augment de préciput, composerait les bénéfices de communauté, qui seraient partageables par moitié entre les futurs époux ou entre le survivant d'eux et les héritiers et représentants du prédécédé.

Que la future épouse, en acceptant la communauté comme en la répudiant, exercerait le prélèvement de ses reprises franc et quitte des dettes et charges de la communauté, et que si elle s'y trouvait personnellement tenue envers les créanciers à raison des engagements qu'elle aurait contractés ou des condamnations prononcées contre elle, elle en serait, comme de droit, garantie ou indemnisée par le futur époux ou sa succession.

Sous l'article dix, il a été accordé au survivant des époux la faculté de conserver, pour son compte et à son profit, le fonds de commerce qu'ils pourraient faire valoir lors du décès du premier mourant, ensemble les marchandises en dépendant et tous les effets mobiliers servant à son exploitation, sous la condition de prendre les marchandises et effets mobiliers d'après la prisée de l'inventaire, et l'achalandage d'après l'estimation qui en serait faite par deux experts choisis par les parties, avec faculté de s'en adjoindre un troisième, en cas de désaccord.

A cet égard il a été stipulé :

Que le survivant imputerait la valeur des marchandises, effets mobiliers et achalandage sur les sommes qui lui reviendraient en propriété ou en usufruit dans la communauté et dans la succession du prédécédé, et que, pour s'acquitter envers les héritiers de celui-ci des sommes qu'il pourrait encore leur devoir, il aurait terme et délai de deux années du jour du décès du prémourant, à la charge d'en servir l'intérêt à cinq pour cent à partir du même jour, mais sans être tenu de fournir caution.

Et que le survivant, en exerçant la faculté dont il s'agit, aurait seul droit au bail des lieux dans lesquels s'exploiterait le fonds de commerce et où les époux auraient leur habitation, à la charge d'en payer seul les loyers, et d'en exécuter les charges et conditions à compter du premier jour du terme qui suivrait le décès; le tout de manière que les héritiers du prédécédé ne fussent point inquiétés ni recherchés.

époux et des dots qui leur ont été constituées; 3° l'existence en nature des biens apportés en mariage ou à vente qui en aurait été faite; 4° les emplois qui auraient été faits des capitaux ou des prix de vente.

Enfin, sous l'article onze, les futurs époux ont fait donation l'un à l'autre et au profit du survivant d'eux, de l'usufruit de l'universalité des biens meubles et immeubles qui composeraient la succession du premier mourant, sans aucune exception ni réserve; avec condition qu'au cas arrivé d'existence d'enfant, cette donation serait réduite à la moitié aussi en usufruit des mêmes biens meubles et immeubles.

Il a été dit que, dans les deux cas, le survivant jouirait de l'usufruit donné pendant sa vie, à compter du jour du décès du premier mourant, sans être tenu de fournir caution ni de faire emploi des valeurs mobilières, mais à la charge de faire faire inventaire.

A la suite de cette expédition et sur le même papier se trouve l'expédition d'un acte passé devant Me. . . . ., notaire à. . . ., le. . . ., contenant quittance par M. et Mme Duval à Mme Vernier des trente mille francs, montant de la donation que cette dame a faite à Mme Duval, sa fille, par le contrat de mariage dont l'analyse précède.

La deuxième pièce est un bulletin délivré par M. le maire de la ville de. . . . ., constatant que le mariage de M. et Mme Duval a été célébré à la mairie de cette ville, le. . . . .

La troisième est un bordereau délivré par M. . . . ., agent de change à la bourse de Paris. constatant que la rente de quatre cents francs trois pour cent, apportée en mariage par Mme Duval a été transférée le. . . . ., au taux de soixante-douze francs, pour un capital de neuf mille six cents francs. . . . ., ci. . . . . | 9,600 fr. » c.

De quoi il a déduit, pour frais de courtage et timbre, quinze francs, ci. | 15 »

Il est resté neuf mille cinq cent quatre-vingt-cinq francs, ci. . | 9,585 »

Sur cette somme, la communauté avait droit aux arrérages courus depuis le. . . . ., soit soixante-cinq francs, ci. . . . . | 65 »

Il est resté pour le compte de Mme Duval, neuf mille cinq cent vingt francs, ci . . . . | 9,520 »

Ces pièces ont été cotées et paraphées par Me. . . . ., l'un des notaires soussignés, et inventoriées sous la cote première. . . . ., ci. . . . .　　*Première.*

« Mme Duval fait les déclarations suivantes :

» 1° Les onze mille francs dus par M. Houel, faisant partie des apports de son mari, » ont été payés ainsi que le constate une quittance passée devant Me. . . . ., notaire » à . . . . ., le. . . . .;

» 2° Les sept mille francs montant des dettes dont M. Duval a déclaré être grevé ont » été intégralement payés pendant le mariage ;

» 3° La créance de huit mille francs apportée par Mme Duval a été remboursée à M. et » Mme Duval, suivant quittance passée devant Me. . . . ., notaire à. . . . ., le. . . . .;

» 4° Le bois compris sous le numéro six des apports de Mme Duval a été vendu par M. et » Mme Duval à M. Denis Reculé, négociant, demeurant à. . . . ., par contrat passé devant » Me. . . . ., notaire à. . . . .,le. . . . ., moyennant trente mille francs payés comptant, » et sur lesquels douze mille francs ont été employés en acquisition d'immeubles au nom » de Mme Duval, ainsi qu'on le verra sous la cote neuvième;

» 5° La prairie formant le numéro quatre des apports de Mme Duval a été échangée » ainsi qu'on le verra sous la cote dixième.

« 6° Les autres immeubles existent toujours en nature. »

157.— *Donation entre époux; testament.* L'analyse des donations entre époux, des testaments et codiciles, doit faire connaître les dispositions y contenues. Si ces dispositions ont eu lieu en la forme olographe, l'usage est de les transcrire littéralement.

Testament de M. Duval. (N° 157.)

CÔTE DEUXIÈME. Une pièce qui est l'original représenté par M⁰. . . . ., l'un des notaires soussignés, du testament de feu M. DUVAL, fait sous la forme olographe, en date à. . . . ., du. . . . ., déposé au rang des minutes de M⁰. . . . ., en vertu d'une ordonnance de M. le président du tribunal civil de. . . . .,contenue en son procès-verbal de description, en date du. . . . ., ainsi que le constate un acte de dépôt reçu par ce notaire, le. . . . .; aux termes duquel testament, M. DUVAL a fait les dispositions suivantes, transcrites littéralement :

« Je lègue, etc. »

Cette pièce a été reprise par M⁰. . . . ., et conséquemment n'a été ni cotée, ni paraphée.

PROPRES DE M. DUVAL. (N⁰ˢ 158 et 159.)

Partage de la succession de M. Duval père.

CÔTE TROISIÈME. Dix-sept pièces :

La première est l'expédition d'un acte passé devant M⁰. . . . ., notaire à. . . . ., qui en a gardé minute, et son collègue, le. . . . . . contenant partage entre : 1° M. Pierre DUVAL ; 2° M. Remy DUVAL.; 3° et Mᵐᵉ Charlotte DUVAL, épouse de M. Éloi DENISE, avocat, demeurant à. . . . ., des biens immeubles dépendant de la succession de M. Julien DUVAL, leur père, décédé à. . . . ., le. . . . ., duquel ils se sont trouvés héritiers chacun pour un tiers, sans charge d'usufruit, Mᵐᵉ Hortense DELLYS, veuve de M. Julien DUVAL., ayant renoncé à tous ses droits de donataire sur la succession de son mari, suivant déclaration passée au greffe du tribunal civil de. . . . ., le. . . . .

M. Pierre DUVAL a fait le rapport à la masse de la somme de quinze mille francs, formant moitié de la dot qui lui a été constituée par ses père et mère, aux termes de son contrat de mariage, analysé sous la première cote.

La masse partageable s'est élevée :

En fonds, à cent quatre vingt-treize mille cinq cents francs, ci	193,500	»	
Et en fruits, à quinze cents francs, ci			1,500 »
Dont le tiers pour chacun des enfants était :			
En fonds, de soixante-quatre mille cinq cents francs, ci	64,500	»	
En fruits, de cinq cents francs, ci			500 »
Réunion soixante-cinq mille francs, ci	65,000	»	

Le passif, dans lequel on a compris les frais de liquidation et partage, s'est élevé :

A la charge des fonds, à vingt-sept mille six cents francs, ci	27,600	»	
A la charge des fruits, à neuf cents francs, ci . .			900 »
Dont le tiers contributif de chaque enfant était :			
A la charge des fonds, de neuf mille deux cents francs, ci	9,200	»	
A la charge des fruits, de trois cents francs, ci .			300 »
Réunion, neuf mille cinq cents francs, ci	9,500	»	

158. — *Propres des époux.* L'on doit analyser non-seulement les titres et pièces relatifs aux biens du conjoint prédécédé, mais aussi tous ceux qui s'appliquent aux biens du conjoint survivant, pour constater les reprises et les indemnités réciproques. L'analyse de la liquidation ou du partage d'une succession

---

Pour remplir M. Pierre Duval des soixante-cinq mille francs, montant de ses droits, il lui a été attribué :

1° Neuf mille cinq cents francs, faisant partie des quinze mille francs dont il a effectué le rapport, ci.	9,500	»
2° Divers objets mobiliers, estimés deux mille cinq cents francs, ci.	2,500	»
3° Une maison située à. . . . ., rue. . . . ., n°. . . . ., estimée douze mille francs, ci.	12,000	»
4° Une pièce de terre labourable, située commune de. . . . , lieu dit. . . . .,section. . . . .,n°. . . . .,de la contenance de. . . . .,estimée trente mille francs, ci	30,000	»
5° Et une pièce de terre en labour et friche, de la contenance de. . . . ., située à. . . . ., lieu dit. . . . ., section. . . . . . n°. . . . ., estimée onze mille francs , ci.	11,000	»
Somme égale aux droits de M. Pierre Duval	65,000	»

Les cinq mille cinq cents francs, formant le complément du rapport de M. Pierre Duval ont été attribués à Mme Denise, sa sœur, avec la condition que cette somme serait payée dans le délai d'un an, avec intérêt à cinq pour cent par an.

Il a été dit que M. Pierre Duval payerait diverses dettes s'élevant à neuf mille cinq cent francs, pour l'acquit de sa part dans le passif.

Nota. Des annotations mises en marge de l'expédition constatent que ces neuf mille cinq cents francs ont été payés aux créanciers y dénommés, suivant trois quittances passées devant M^e. . . . .,notaire à. . . . ., les. . . . .

La deuxième pièce est l'expédition d'un acte passé devant M^e. . . . .,notaire à. . . . ., qui en a gardé minute, et l'un de ses collègues, le. . . . ., contenant quittance par M. et Mme Denise à M. Duval des cinq mille cinq cents francs qu'il a été chargé de payer à Mme Denise sur le montant de son rapport.

Les six pièces suivantes sont relatives à diverses mitoyennetés et servitudes concernant la maison attribuée à M. Duval.

Les autres pièces sont les titres et anciens titres de propriété des immeubles échus à M. Duval par le partage qui vient d'être analysé.

Ces pièces ont été cotées, paraphées et inventoriées sous la cote troisième ci. . . . . *Troisième*

« Mme Duval fait les déclarations suivantes :

» 1° Il a été payé par M. Pierre Duval, pour droits de mutation à sa charge après le décès » de son père, deux cent vingt-trois francs ;

» 2° La pièce de terre désignée sous le numéro cinq a été vendue à M. Claude Belin, pro » priétaire, demeurant à. . . . ., suivant contrat passé devant M^e. . . . ., notaire à. . . . . » le. . . . ., moyennant dix-sept mille cinq cents francs, qui ont été payés depuis, ainsi que » le constate une quittance passée devant le même notaire, le. . . . .;

» 3° Les autres immeubles provenus du partage qui vient d'être analysé existent encore » en nature. »

Succession de Mme Duval, née Dellys.

Cote quatrième. Vingt-huit pièces :

échue à l'un des époux doit faire connaître l'importance de ses droits en fonds et en fruits, les attributions qui lui ont été faites en biens meubles et en biens immeubles, les dettes qu'il a été chargé d'acquitter, les

La première est l'expédition de l'inventaire après le décès arrivé à . . . . ., le . . . . ., de Mme Hortense DELLYS, veuve de M. Julien DUVAL, dressé par M^e. . . . . . qui en a gardé minute, et l'un de ses collègues, notaires à . . . . ., le . . . . ., à la requête de : 1° M. Pierre DUVAL.; 2° M. Remy DUVAL ; 3° et Mme DENISE, ci-dessus nommés, ses enfants et seuls héritiers chacun pour un tiers. La succession de Mme DUVAL, née DELLYS, ayant été liquidée ainsi qu'il va être dit, il est inutile de faire l'analyse de cet inventaire.

La deuxième est l'expédition d'un acte passé devant M^e. . . . ., qui en a gardé minute, et l'un de ses collègues, notaires à . . . . ., le . . . . ., contenant entre MM. DUVAL et M. et Mme DENISE, la liquidation et le partage. . . . ., etc. . . . .

Faire l'analyse de cette pièce et des autres comprises dans la cote ; puis énoncer les déclarations. (Voir à cet égard la cote précédente.)

Donation par Mme Drouet.

COTE CINQUIÈME. Quatre pièces :

La première est l'expédition d'un acte passé, en présence de témoins, devant M^e. . . . ., notaire à . . . . ., le . . . . .; aux termes duquel Mme Adélaïde DUVAL, propriétaire, demeurant à . . . . ., veuve de M. Alexis DROUET, a fait donation par préciput et hors part à M. Pierre DUVAL, son neveu, d'une maison située à . . . . ., rue . . . . ., n°. . . . ., sous réserve d'usufruit, au profit de la donatrice et pendant la vie de la donatrice, et à la charge par M. DUVAL de servir et payer à Mme DROUET, pendant sa vie, une rente viagère de six cents francs, payable chaque année en deux termes les . . . . . Une mention au bas de cette expédition constate qu'elle a été transcrite au bureau des hypothèques de . . . . ., le . . . . ., vol. . . . . ., n°. . .

La deuxième est l'expédition d'un autre acte passé aussi devant M^e. . . . ., qui en a gardé minute, et son collègue, le . . . . .; par lequel Mme DROUET a cédé à M. DUVAL son droit d'usufruit sur la maison donnée, moyennant une somme de. . . . ., payée comptant.

Les troisième et quatrième sont les anciens titres de propriété de la maison.

Ces pièces ont été cotées, paraphées et inventoriées sous la cote cinquième. ci. . . . . *Cinquième*

  « Mme veuve DUVAL fait les déclarations suivantes :

  » 1° La rente viagère créée au profit de Mme veuve DROUET est toujours servie ; il était
  » dû, lors du décès de M. DUVAL, le prorata d'arrérages couru depuis le. . . . ., soit. . .;
  » 2° Il a été payé, pour les frais de l'acte de donation, onze cent vingt francs, et pour
  » les frais de l'acte de renonciation à usufruit, cent douze francs. »

PROPRES DE Mme DUVAL. (N°s 158 et 159.)

Succession de M. Vernier.

COTE SIXIÈME. Dix-sept pièces.

La première est l'extrait littéral d'un acte passé devant M^e. . . . ., notaire à . . . . ., le. . . . ., contenant entre : 1° Mme DUVAL, alors non mariée ; 2° et M. Charles VERNIER, étudiant en médecine, demeurant à . . . . ., le partage de la succession de M. Barnabé VERNIER, leur père, en son vivant propriétaire, demeurant à . . . . ., où il est décédé le. . . . .: par lequel acte, le deuxième lot échu à Mlle VERNIER, depuis Mme DUVAL, a été composé des objets dont Mme DUVAL a fait l'apport sous l'article quatre de son contrat de mariage, analysé cote première, et dont une partie a été aliénée, ainsi qu'elle l'a déclaré à la suite de cette cote.

soultes actives ou passives, les biens laissés en commun, etc... L'analyse d'un testament en faveur de l'un des conjoints porte sur l'importance du legs et les charges imposées. Si des immeubles propres ont été

Les autres pièces sont les anciens titres de propriété des immeubles entrés dans le lot échu à Mme Duval.

Ces pièces ont été cotées, paraphées et inventoriées sous la cote sixième, ci. . *Sixième.*

Succession de Mme Vernier.

Cote septième. Trente-deux pièces.

La première est l'extrait littéral d'un acte passé, en présence de témoins, devant M^e. . . . ., notaire à. . . . ., qui en a gardé minute, le. . . . .; aux termes duquel Mme Léonce Judas, propriétaire, demeurant à. . . . ., veuve de M. Barnabé Vernier, a fait le partage anticipé de ses biens entre Mme Duval et M. Charles Vernier, ses deux enfants et seuls présomptifs héritiers ;

Les donataires ont effectué à la masse le rapport des dons et avantages qui leur avaient été faits par leur mère.

Il a été attribué à Mme Duval, pour la remplir de ses droits dans la masse :

1° La somme de trente-huit mille francs qu'elle y avait rapportée pour le montant de la dot qui lui avait été constituée par sa mère, aux termes de son contrat de mariage analysé cote première.

2° Une maison située à. . . . . ;

3° Une pièce de terre en labour de la contenance de. . . . ., située à. . . . ;

4° Une prairie de la contenance de. . . . ., située à. . . . .;

5° Un clos planté de vignes, entouré de haies, contenant. . . . ., situé. . . . .;

6° Un bois taillis de la contenance de. . . . ., situé. . . . .;

7° La somme de six mille francs à toucher de M. Vernier, son frère, sur le montant du rapport qu'il a effectué.

Les donataires ont été chargés, chacun pour moitié, de servir à Mme veuve Vernier, pendant sa vie, une rente viagère de. . . . .

« Nota. Mme veuve Duval fait les déclarations suivantes :

» 1° Les cinq mille francs attribués sur M. Vernier ont été payés à M. et Mme Duval, » ainsi que le constate une quittance passée devant M^e. . . . ., notaire à. . . . ., le . . . .;

» 2° Il a été payé, pour la moitié à la charge de Mme Duval, dans les frais du partage anticipé, trois cent douze francs;

» 3° La rente viagère stipulée au profit de Mme Vernier s'est éteinte par son décès, qui » va être mentionné ;

» 4° Le clos désigné sous le numéro cinq a été vendu par M. et Mme Duval à M. Pierre- » François Girard, propriétaire, demeurant à. . . . ., suivant contrat passé devant » M^e. . . . . notaire à. . . . ., le. . . . . moyennant huit mille francs, sur lesquels trois » mille francs ont été payés comptant; les cinq mille francs de surplus sont encore dus, » ils ont été stipulés payables le. . . . ., et productifs d'intérêts à cinq pour cent par an, » payables le. . . . . de chaque année. Ils sont garantis par le privilége de vendeur inscrit » d'office au bureau des hypothèques de. . . . ., le. . . . ., vol. . . . ., n°. . . . .;

» 5 A l'époque du décès de M. Duval, il était dû le prorata d'intérêt de ces cinq mille francs, couru depuis le. . . . . soit une somme de. . . . .;

» 6° Les autres immeubles existent encore en nature.

La deuxième pièce est l'expédition d'un acte passé devant M^e. . . . ., qui en a gardé minute, et son collègue, notaires à. . . . ., le. . . . ., aux termes duquel Mme Duval et

échangés ou s'ils ont été vendus, puis remplacés, on inventorie les contrats d'échange ou d'acquisition en remploi.

M. VERNIER ont procédé au partage de la succession purement mobilière de Mme VERNIER, leur mère, décédée à. . . . ., le. . . . .

Ce partage, ayant eu lieu très-peu de temps après le décès, il n'a pas été fait de distinction des fonds et des fruits.

La masse partageable, déduction faite du passif, s'est élevée à huit mille trois cent soixante-quatre francs, ci. . . . . | 8,364 | »

Dont la moitié pour Mme DUVAL était de quatre mille cent quatre-vingt-deux francs, ci. . . . . | 4,182 | »

Pour remplir Mme DUVAL de cette somme, il lui a été attribué :

1° Divers meubles et objets mobiliers, estimés huit cent soixante-deux francs, ci. . . . . | 862 | »

2° Une créance de trois mille francs sur M. Désir PLUMET. . . . . ., montant de l'obligation pour prêt qu'il a souscrite au profit de Mme VERNIER, suivant acte passé. . . . . ., etc. . . .; plus quatre-vingt-cinq francs pour l'intérêt de cette somme couru jusqu'au jour du décès de M. VERNIER, ci. . . . . | 3,085 | »

3° Et deux cent trente-cinq francs en deniers comptants, ci. . . . | 235 | »

Somme égale. . . . . | 4,182 | »

« NOTA. M. DUVAL déclare :

» Que la créance sur M. PLUMET a été remboursée, ainsi que le constate une quittance » passée devant M^e. . . . ., notaire à. . . . ., le. . . . ;

» Et qu'il a été payé en l'acquit de Mme DUVAL, pour droit de mutation après le décès de » Mme VERNIER, soixante-trois francs. »

Les autres pièces sont les anciens titres de propriété des immeubles attribués à Mme DUVAL par le partage anticipé qui vient d'être analysé.

Ces pièces ont été cotées, paraphées et inventoriées sous la cote septième, ci.. *Septième.*

Legs par M. Judas.

COTE HUITIÈME. Deux pièces :

La première est l'expédition du testament de M. Honoré JUDAS, en son vivant propriétaire, demeurant à. . . . ., où il est décédé le. . . . ., reçu, en présence de témoins, par M^e. . . . ., qui en a gardé minute, le. . . . .; par lequel testament M. JUDAS a légué à Mme DUVAL, sa nièce : 1° une somme de douze mille francs, qui a été stipulée payable dans l'année du décès du testateur, sans intérêt ; 2° et un jardin enclos de murs, planté d'arbres en espaliers et à haut vent, situé à. . . . ., lieu dit. . . . ., de la contenance de. . . . ., grevé d'un droit de passage exercé par le propriétaire d'une maison située à côté, portant le n°. . : . ., appartenant à M. Claude FORTIER.

La deuxième est l'expédition d'un acte reçu par M^e. . . . ., qui en a gardé minute, et son collègue, notaires à. . . . ., le. . . . ., aux termes duquel M. et Mme DUVAL ont racheté de M. Claude FORTIER, moyennant huit cents francs, payés comptant, le droit de passage dont il vient d'être question. Ce contrat a été transcrit au bureau des hypothèques de. . . . ., le. . . . ., vol. . . ., n°. . . .

Ces deux pièces ont été cotées, paraphées et inventoriées sous la cote huitième, ci. . . . . *Huitième.*

159. — Cette analyse est complétée par des déclarations qui ont pour but d'indiquer si les créances attribuées ont été touchées, si les soultes ont été payées ou reçues, si les dettes ont été acquittées, si les immeubles et rentes existent encore en nature, ou s'ils ont été aliénés; en cas d'aliénation, si les prix ont été reçus ou s'ils sont encore dus, etc., quels sont les intérêts échus au jour du décès sur les sommes encore

« Mme Duval fait les déclarations suivantes :

» 1° Les douze mille francs légués à Mme Duval ont été payés à M. et Mme Duval, ainsi
» que le constate un acte de délivrance de legs passé devant M^c. . . . . , notaire à. . . . ,
» le. . . . . ;

« 2° Il a été payé, pour droit de mutation à raison de ce legs, huit cent trente-sept
» francs.

» 3° Le jardin légué à Mme Duval n'a pas été aliéné. »

Acquisition en remploi de M. Doncey.

Cote neuvième. Onze pièces :

La première est l'expédition d'un contrat passé devant M^•. . . . . , qui en a gardé minute, et son collègue, notaires à. . . . . , le. . . . . ; aux termes duquel M. Célestin Doncey, négociant, demeurant à. . . . . , a vendu à Mme Duval une pièce de terre, partie en labour, et le surplus planté de vignes, de la contenance de. . . . , située commune de. . .,
lieu dit. . . . , section . . . . n°. . . . , du plan cadastral, moyennant douze mille francs payés comptant; avec déclaration que les deniers employés à solder ce prix étaient personnels à Mme Duval, comme faisant partie des trente mille francs payés par M. Reculé, pour le prix de la vente d'un bois situé à. . . . , propre à Mme Duval, relaté sous la cote première. Une mention se trouvant à la suite de cette expédition constate qu'elle a été transcrite au bureau des hypothèques de. . . . , le. . . . . , vol. . . . . , n°. . . . .

Les cinq pièces suivantes sont relatives aux formalités de purge d'hypothèque légale remplies sur l'acquisition qui vient d'être énoncée.

La septième pièce est un certificat sur transcription et purge délivré par M. le conservateur des hypothèques de. . . . , le. . . . . , constatant que l'immeuble vendu à Mme Duval était grevé d'une inscription prise le. . . . , vol. . . . . , n°. . . . . , au profit de. . . . , pour sûreté de. . . . .

La huitième est un certificat délivré par le même conservateur, le. . . . . , constatant que l'inscription dont l'énonciation précède a été définitivement radiée.

Les neuvième, dixième et onzième pièces sont les anciens titres de propriété de l'immeuble vendu à Mme Duval.

Ces pièces ont été cotées, paraphées et inventoriées sous la cote neuvième, ci..*Neuvième.*

« Mme Duval déclare qu'il a été payé en son acquit, pour les frais de cette acquisition,
» onze cent quatre-vingts francs. »

Echange avec M. Moinet.

Cote dixième. Cinq pièces :

La première est l'expédition d'un contrat passé devant M^r. . . . . , qui en a gardé minute, et son collègue, notaires à. . . . , le. . . . , transcrit au bureau des hypothèques de. . . . , le. . . . , vol. . . . . , n°. . . . , contenant échange entre M. et Mme Duval et
M. Athanase Moinet, cultivateur, demeurant à. . . . . ; par lequel M. et M^m Duval ont cédé, à M. Moinet, une prairie de la contenance de. . . . . , située commun^e de. . . . . , lieu dit. . . . , désignée sous le numéro quatre des apports en mariage de Mme Duval, mentionnés sous la cote première; et M. Moinet a cédé à Mme Duval une prairie de la

dues, et enfin ce qui a été payé pour droits de mutation, ou pour frais d'actes par la communauté à la décharge de l'époux.

160. — *Titres des acquêts.* L'inventorié des titres relatifs aux acquêts immobiliers est fait de manière à indiquer tous les immeubles qui dépendent de la communauté ou société d'acquêts, le payement des prix, ou ce qui en reste dû en principal et intérêts; si quelques-uns des immeubles compris dans une acquisition ont été revendus, il en est fait une déclaration qui porte également sur le prix des reventes.

contenance de. . . ., située commune de. . . ., lieu dit. . . . ., section. . . . ., n°. . . ., du plan cadastral. Une soulte de cinq mille francs a été mise à la charge de M. Moi-NET, elle a été stipulée payable le. . . . ., et productive d'intérêts à cinq pour cent par an, à partir du. . . . ., payables le. . . . ., de chaque année.

La deuxième est un certificat délivré par M. le conservateur des hypothèques de. . ., le . . . ., constatant que les immeubles cédés de part et d'autre n'étaient point grevés d'inscriptions.

Les trois autres pièces sont les anciens titres de propriété de l'immeuble cédé à Mme DUVAL.

Ces pièces ont été cotées. . . . ., etc. . . . .

« M. DUVAL déclare :

» 1° Que la soulte de cinq mille francs a été payée à elle et à son mari, suivant quittance » passée devant M^e. . . . ., notaire à. . . . ., le. . . . .;

» 2° Qu'il a été payé deux cent quarante francs pour la part à sa charge dans les frais » d'échange. »

TITRES ET PIÈCES CONCERNANT LA COMMUNAUTÉ.

Acquisition de M. Doublet. (N° 160.)

COTE ONZIÈME. Quinze pièces :

La première est l'expédition d'un contrat passé devant M^e. . . . ., qui en a gardé minute, et son collègue, notaires à. . . . ., le. . . . ., transcrit au bureau des hypothèques de. . . . ., le. . . . ., vol. . . . ., n°. . . . . ., contenant vente par M. Jean DOUBLET, propriétaire, demeurant à. . . . ., à M. DUVAL, de quatre pièces de terre en nature de labour, situées commune de. . . . .; la première, de la contenance de. . . . ., lieu dit. . . . ., section. . . ., n°. . . . .; la deuxième, de la contenance de. . . . .; la troisième. . . . .; la quatrième. . . . ., moyennant quarante-cinq mille francs, sur lesquels trente mille francs ont été payés comptant; quant aux quinze mille francs de surplus, ils ont été stipulés payables le. . . . ., et productifs d'intérêts à cinq pour cent par an, payables chaque année, le. . . .

Les cinq pièces suivantes constatent l'accomplissement des formalités de purge d'hypothèque légale.

La septième est un certificat sur transcription et purge, délivré par M. le conservateur des hypothèques de. . . . ., le. . . . ., constatant qu'il n'existait pas d'inscription sur les immeubles vendus à M. DUVAL.

La huitième est un autre certificat du même conservateur, en date du même jour; il en résulte qu'il n'existait pas d'autres transcriptions de mutation que celle de la vente à M. DUVAL,

La neuvième est l'expédition d'un acte passé devant M^e. . . . . ., qui en a gardé minute, et son collègue, le. . . . ., duquel il résulte que M. DUVAL a payé à M. DOUBLET la somme de cinq mille francs, à valoir sur le prix de l'acquisition qui vient d'être mentionnée.

161.—*Titres de créances.* Sous cette dénomination générique, nous comprenons les créances et autres droits incorporels, tels que rentes, obligations, actions, etc. L'analyse de ces titres doit en révéler la valeur nominale, et, s'il y a lieu, la valeur réelle, les noms des débiteurs, ou des compagnies industrielles, le taux des intérêts, les époques d'échéance, les garanties, etc.; puis les parties déclarent quels sont les dividendes et arrérages dus au jour du décès.

162.— *Billets, timbre.* Les notaires peuvent, sans contravention, décrire les titres et billets sur papier non timbré (1).

163 — Selon l'art. 49 de la loi du 5 juin 1850 lorsqu'un effet, certificat d'action, titre, livre, bordereau, police d'assurance, et tout autre acte sujet au timbre et non enregistré, est mentionné dans un acte public et ne doit pas être représenté au receveur lors de l'enregistrement de cet acte, le notaire est tenu de déclarer expressément dans l'acte si le titre est revêtu du timbre prescrit, et d'énoncer le montant du droit de timbre payé, à peine d'une amende de dix francs par chaque contravention.

Les six pièces suivantes sont les anciens titres de propriété des immeubles vendus à M. Duval.

Ces pièces ont été cotées, etc. . . . .

« Mme veuve Duval déclare qu'il reste dû à M. Doublet, sur le prix de l'acquisition » qui précède, une somme de dix mille francs; et que, lors du décès de M. Duval, il » était dû le prorata d'intérêt couru depuis le. . . . ., soit une somme de. . . . . »

Créance sur les époux Thouin. (N° 161.)

Cote douzième. Quatre pièces :

La première est la grosse d'un acte passé devant M^e. . . . ., qui en a gardé minute, et son collègue, notaires à. . . ., le . . . ., par lequel M. Nicolas Thouin, cultivateur, et Mme Eugénie Barbet, son épouse, demeurant à. . . . ., se sont reconnus débiteurs pour prêt envers M. Duval, d'une somme de dix-huit mille francs, qui a été stipulée remboursable le. . . . ., et productive d'intérêts à cinq pour cent par an, à partir du jour de l'obligation, payables chaque année, en deux termes égaux, les. . . . .; et pour garantir le remboursement du capital et le payement de ces intérêts et autres accessoires, M. et Mme Thouin ont hypothéqué une maison, située à. . . . ., rue. . . . ., n°. . . . .; plus douze pièces de terre en labour, situées commune de. . . . ., d'une contenance réunie de. . . . .

La deuxième est le bordereau de l'inscription conservatrice de cette créance, prise au bureau des hypothèques de. . . . ., le. . . . ., vol. . . . ., n°. . . . .

La troisième est un certificat délivré par M. le conservateur des hypothèques, le. . . . ., constatant que les immeubles hypothéqués n'étaient grevés d'aucune autre inscription que celle qui vient d'être relatée.

La quatrième est l'original d'un exploit du ministère de. . . . ., huissier à. . . . ., en date du. . . . ., contenant, à la requête de M. Duval, signification à la compagnie d'assurance la. . . . ., du transport que M. et Mme Thouin ont consenti à son profit par l'acte d'obligation, de l'indemnité qui leur serait allouée, en cas de sinistre.

Ces pièces ont été cotées. . . . ., etc. . . . .

« Mme veuve Duval déclare que, lors du décès de M. Duval, il était dû par M. et » Mme Thouin, le prorata d'intérêt de cette somme, depuis le. . . . ., soit une somme » de. . . . . »

---

(1) Sol. régie, 15 mars 1807 et 17 juin 1822.

164.— Mais cette prescription a été édictée pour le cas seulement où, en vertu de l'art. 24 de la loi du 22 frimaire an VII, il est défendu aux notaires *d'agir* sur des actes ou effets de commerce non écrits sur papier timbré ou non visés pour timbre. Elle ne concerne donc que les actes rédigés en vertu ou en conséquence d'actes assujettis au timbre et ne s'étend pas dès lors aux descriptions de titres et de papiers faites dans les inventaires (1).

165.— Lors même que l'inventaire énoncerait que des actes, titres ou billets sont écrits sur du papier non timbré, cette énonciation ne suffirait pas pour autoriser la régie à poursuivre contre les parties, les droits et amendes de timbre, car elle doit administrer la preuve de la contravention par un procès-verbal auquel les actes et billets doivent être joints, conformément aux articles 31 et 32 de la loi du 13 brumaire an VII non abrogés par l'art. 49 de la loi du 5 juin 1850 (2) ; au surplus cette question demeure sans intérêt si les notaires s'abstiennent (3) d'énoncer dans les inventaires si les titres et billets y décrits sont ou non timbrés, *supra n° 164.*

Créance par billet sur M. Denisard. (N°s 162 à 165.)

Cote treizième. Une pièce.

Cette pièce est une reconnaissance souscrite le. . . . ., par M. Jacques Denisard, négociant, demeurant à. . . . ., au profit de M. Duval, d'une somme de neuf mille cinq cents francs pour prêt, stipulée exigible le. . . . ., et productive d'intérêts à cinq pour cent par an, payables chaque année en deux termes égaux, les. . . . .

Cette pièce a été cotée, paraphée et inventoriée comme pièce unique de la cote treizième, ci. . . . . *Treizième.*

« Mme Duval déclare que, lors du décès de son mari, il était dû le prorata d'intérêt » de cette créance couru depuis le. . . . ., soit une somme de. . . . . »

Billets à ordre. (N°s 162 à 165.)

Cote quatorzième, deux pièces :

La première est un billet à ordre, souscrit le. . . . ., par M. . . . . ., au profit de feu M. Duval, de la somme de. . . . ., stipulée payable le. . . . .

La deuxième est un autre billet à ordre, en date du. . . . ., souscrit à l'ordre de M. . . . . par M. . . . ., de la somme de. . . . ., payable le. . . . ., et passé à l'ordre de feu M. Duval.

Ces pièces ont été cotées. . . . ., etc. . . . .

Titre nominatif de rente sur l'Etat. (N° 166.)

Cote quinzième. Deux pièces :

La première est un certificat d'inscription de neuf cents francs de rente trois pour cent sur l'Etat français, inscrits au nom de M. Pierre Duval, au grand-livre de la dette publique, n°. . . . . de la. . . . . série. Une estampille au verso constate que les arrérages ont été touchés jusques et y compris le trimestre échu le. . . . .

La deuxième est un bordereau de M. . . . . ., agent de change, à Paris, constatant l'achat du titre de rente qui vient d'être inventorié.

Ces pièces ont été cotées. . . . ., etc. . . . .

---

(1) Décis. min. fin., 2 fév. 1853; Instr. régie, 16 du même mois, n° 1651; J. N. 11690. Voir aussi trib. Vannes, 18 déc. 1851; Mortagne 5 mars 1852; J. N. 14542, 14632.   (2) Dict. not., *Invent.*, n° 588; Décis. min. fin. 21 nov. 1850 ; trib. Fontainebleau, 2 juin 1852; J. N. 11216, 14750; contra, décis. régie, 13 juin 1851 ; trib. Montauban, 2 juin 1852; J. N. 14407, 14740.

(3) Il est même préférable que cette énonciation ne soit pas faite afin d'échapper à la controverse indiquée en la note précédente.

166.— *Valeurs nominatives.* Les rentes sur l'Etat nominatives, et toutes autres valeurs nominatives doivent être cotées et paraphées par le notaire, de la même manière que les autres papiers de la succession (1), à peine par le notaire qui négligerait d'accomplir cette formalité d'être responsable du préjudice qui en résulterait (2).

167.— *Valeurs au porteur.* Si les titres au porteur transmissibles par simple tradition portaient une mention d'inventorié, cette mention pourrait être un obstacle à leur libre transmission, et le notaire doit s'en abstenir (3) ; car s'ils étaient achetés par un agent de change auquel cette formalité n'aurait pas été signalée, on ne pourrait le contraindre à les recevoir (4) ; pour concilier l'obligation de la cote et du paraphe avec l'intérêt des parties, *le notaire se borne à les analyser en énonçant qu'ils n'ont été ni cotés ni paraphés attendu leur nature*, et l'on a recours à l'une des garanties suivantes :

168.— Ou les valeurs sont déposées au nom du défunt, soit dans la caisse de la Banque de France, soit dans celle de toute autre administration publique recevant de pareils dépôts, et le récépissé est coté et paraphé comme tenant lieu de ces actions ; — ou bien les parties se pourvoient en référé devant le président du tribunal civil pour que le dépôt soit fait dans les mains de l'une d'elles ou d'un tiers désigné (5).

Actions nominatives des chemins de fer de l'Ouest. (N° 166.)

Cote seizième. Une pièce qui est un certificat de la compagnie des chemins de fer de l'Ouest, portant le n° . . . . ., et la date du. . . . ., constatant que M. Duval était propriétaire de vingt actions nominatives des chemins de fer de l'Ouest, portant les nᵒˢ. . . . . Une estampille au verso de ce certificat constate que les intérêts et dividendes ont été touchés jusques et y compris le semestre échu le. . . . .

Cette pièce a été cotée, paraphée et inventoriée comme pièce unique de la cote seizième, ci . . . . *Seizième.*

Rentes et actions au porteur. (Nᵒˢ 167 et 168.)

Cote dix-septième. Onze pièces :

La première est un titre au porteur de deux cents francs de rente trois pour cent sur l'Etat français, portant le n°. . . . . de la. . . . . série ; les coupons duquel titre de rente sont détachés jusques et y compris le trimestre échu le . . . . .

Les dix pièces suivantes sont autant d'actions au porteur des chemins de fer de l'Ouest, nᵒˢ. . . . . ; les coupons desquelles actions sont détachés jusques et y compris celui échu le. . . . .

Ces pièces ont été inventoriées sous la cote dix-septième du présent inventaire, mais n'ont été ni cotées ni paraphées à la réquisition expresse des parties, attendu leur nature de valeurs au porteur et afin d'éviter la dépréciation qu'entraînerait cette formalité.

Ou si les titres ont été déposés à la Banque (ou à une autre caisse).

Cote dix-septième. Une pièce qui est un récépissé de la Banque de France en date du . . . ., portant le n°. . . . ., constatant qu'il a été remis en dépôt : 1° un titre au porteur de. . . . . ; 2° dix actions au porteur . . . . .

Ce récépissé tenant lieu des valeurs au porteur a été coté, paraphé et inventorié sous la cote dix-septième, ci . . . . *Dix-septième.*

---

(1) Paris, 12 juill. 1861 ; J. N. 17398.
(2) Roll., *Invent.*, n° 258 ; Dict. not., *ibid.*, n° 372 ; Paris, 7 nov. 1839 ; J. N. 10548.
(3) Dict. not., n° 375 ; Paris, 25 janv. 1859 ; Cass., 15 avril 1861 ; J. N. 16519, 17120 ; Voir cependant Roll., *Invent.*, n° 257.

(4) Mollot, *Bourses de Comm.*, n° 344 ; Trib. Comm. Paris, 27 nov. 1859.
(5) Dict. not., *Invent.*, n° 376 ; De Madre, *ibid.*, p. 55 ; Paris, 14 mai 1857 ; J. N. 16147.

169.— *Actes non enregistrés.* Les notaires peuvent faire mention, dans les inventaires qu'ils rédigent, des actes sous-seings privés trouvés dans les papiers de la succession sans les faire préalablement enregistrer, sauf aux préposés de la régie à suivre le recouvrement des droits de ceux de ces actes dont il résulterait une transmission de jouissance, d'usufruit ou de propriété d'immeubles (1).

170.— Ainsi, alors même que l'acte a été fait entre les parties présentes à l'inventaire, s'il n'en résulte pas une transmission de jouissance, d'usufruit ou de propriété d'immeubles, l'analyse qui en est faite dans l'inventaire n'autorise pas la régie à réclamer le droit d'enregistrement (2).

171.— Mais si l'acte sous seings privés porte transmission de propriété, d'usufruit ou de jouissance d'immeubles, l'énonciation qui en est faite dans l'inventaire établit son existence, lui donne date certaine (*C. N., 1328*), et la régie peut poursuivre contre les parties le recouvrement du droit, et, s'il y a lieu, du double droit d'enregistrement sur la transmission (3); s'il s'agit d'un bail, même expiré, les droits sont néanmoins exigibles (4).

Créance sur M. Doré pour prix de meubles; acte sous seings privés non enregistré. (N°⁵ 169 à 171 .)

Cote dix-huitième. Une pièce qui est l'un des doubles non enregistrés, d'un acte sous seings privés, en date du. . . . ., par lequel feu M. Duval a vendu à M. Charles Doré, marchand de meubles, demeurant à. . . . ., divers objets mobiliers, moyennant cinq cents francs, stipulés payables le. . . . . sans intérêt.

Cette pièce a été cotée. . . . . etc.

« Mme Duval déclare que ces cinq cents francs sont toujours dus.

BAUX. (N°⁵ 172 et 173.)

Bail d'immeubles propres à Mme Duval.

Cote dix-neuvième. Une pièce qui est la grosse d'un acte passé devant M^e . . . ., qui en a gardé minute, et son collègue, notaires à . . . ., le. . . . ., aux termes duquel M. Duval a donné à bail pour neuf années qui ont commencé à courir le onze novembre mil huit cent soixante. . . . ., à M. Claude Langlet, cultivateur, demeurant à . . . . ., quatre pièces de terre en labour situées commune de. . . ., de la contenance réunie de dix hectares, propres à Mme Duval, moyennant, outre la charge des impôts, un fermage annuel de huit cents francs, payable en deux termes égaux, les vingt-cinq décembre et vingt-quatre juin qui suivent chaque récolte.

Cette pièce a été cotée, etc.

« Mme Duval déclare que, lors du décès de son mari, il était acquis à la communauté
» le solde de l'année de fermage représentative de la récolte de mil huit soixante-deux
» plus sur le fermage représentatif de la récolte de mil huit cent soixante-trois, le prorata
» couru du onze novembre (5) mil huit cent soixante-deux au jour du décès, soit six mois
» quinze jours ; en conséquence la communauté a droit ·

» 1° Au semestre de fermage à échoir le vingt-quatre juin mil huit cent soixante-trois, » étant de quatre cents francs, ci.	400	»
» 2° Au semestre de fermage à échoir le vingt-cinq décembre mil » huit cent soixante-trois, étant de même somme, ci.	400	»
» 3° Et à quinze jours sur le semestre à échoir le vingt-quatre juin » mil huit cent soixante-quatre, soit trente-trois francs, ci.	33	»
» Ensemble, huit cent trente-trois francs, ci.	833	»

---

(1) Arrêté direct. exéc., 22 vent. an VII ; Circ. régie, 9 flor. an VII , n° 1554.

(2) Dict. not., *Invent.*, n°⁵ 564 et suiv.; Délib. régie, 3 mai 1826, 1er avril 1855.

(3) Cass., 31 août 1808, 21 août 1811, 28 août 1846, 6 mars 1822, 18 mai 1847 ; J. N., 13145.

(4) Cass., 6 mars 1822, 18 mai 1847 ; Trib. Epinal, 4 juill, 1848 , J. N., 13115, 13593.

(5) Epoque de la prise de possession annuelle dans un assez grand nombre de départements.

172. — *Baux.* L'énonciation dans l'inventaire d'un bail verbal ou d'un bail par tacite réconduction ne donne pas lieu à la perception d'un droit d'enregistrement, le bail verbal n'en étant pas passible (1). Est considérée comme l'énonciation d'un bail verbal l'analyse d'une pièce relative ou *qui paraît relative* à la location verbale d'un objet pour un temps expirant à une époque déterminée, moyennant un loyer payable à des termes indiqués (2). Mais lorsque toutes les conditions d'un bail énoncé comme verbal sont rapportées en détail dans l'inventaire, et semblent impliquer l'existence matérielle d'un acte écrit, les droits d'enregistrement peuvent devenir exigibles (3); en outre si le notaire a analysé cet acte comme n'étant qu'une simple note se référant à un bail verbal, il est passible d'une peine disciplinaire (4).

173. — L'inventorié d'un bail comprend l'énonciation des biens loués ou affermés, le nom du fermier

---

Bail verbal de biens propres à M. Duval.

Mme Duval déclare que quatre pièces de terres en labour, situées commune de. . . . . ., de la contenance de six hectares, dépendant de la succession de M. Duval, sont affermées verbalement à M. . . . ., pour un temps qui expirera le onze novembre mil huit cent soixante. . . . ., moyennant, outre la charge des impôts, un fermage annuel de six cents francs, payable en un seul terme le vingt-cinq décembre qui suit chaque récolte; et que, lors du décès de son mari, il était dû le prorata du fermage représentatif de la récolte de mil huit cent soixante-trois, couru du onze novembre mil huit cent soixante-deux au jour du décès, soit trois cent vingt-cinq francs.

A l'appui de cette déclaration, Mme Duval a représenté trois pièces qui ont été cotées, paraphées et inventoriées sous la cote vingtième, ci. . . . . *Vingtième.*

Biens tenus à location.

Cote vingt-unième. Une pièce qui est l'un des doubles d'un acte sous seings privés en date à. . . . . du. . . . ., enregistré à. . . . ., le. . . . ., folio. . . . . . case. . . . ., par M. . . . ., qui a perçu. . . . ., aux termes duquel M. Christian Weber, propriétaire, demeurant à. . . . ., a donné à bail pour douze années, qui ont commencé à courir le. . . et expireront le. . . . ., à M. Duval, quinze pièces de terre en labour, vigne et prairie, sises commune de. . . . ., d'une contenance réunie de quarante hectares, moyennant, outre la charge des impôts, un fermage annuel de trois mille francs, payable en deux termes égaux les vingt-cinq décembre et vingt-cinq mars qui suivent chaque récolte.

Cette pièce a été cotée. . . . .

« Mme Duval déclare que, lors du décès de son mari, l'année de fermage représentative
» de la récolte de mil huit cent soixante-trois était entièrement soldée, de sorte que la
» communauté doit seulement le prorata couru du onze novembre mil huit cent soixante-
» deux au jour du décès, soit seize cent vingt-cinq francs, dont quinze cents francs for-
» mant le semestre à échoir le vingt-cinq décembre mil huit cent soixante-trois, et
» cent vingt-cinq francs sur le semestre à échoir le vingt-cinq mars mil huit cent
» soixante-quatre. »

Avertissements, polices d'assurance. (N° 174.)

Cote vingt-deuxième. Quatre pièces :

---

(1) Dict. Not., *Bail verbal*, n°s 4 et 5; Cass., 12 et 17 juin 1844; Instr. régie, 25 nov. 1844, n° 550.

(2) Trib. Compiègne, 26 nov. 1835; Clermont (Oise), 19 mars 1854; Seine, 9 janv. 1858, 24 nov. 1860, 12 janv. 1861; J. N., 9201, 16306, 17079.

(3) Trib. Epinal, 4 juill. 1838; Meaux, 5 juin 1850; Seine, 20 nov. 1850, 30 août 1855, 5 mai et 17 nov. 1860; J. N., 14593, 14289, 15762, 16905, 17070.

(4) Trib. Montdidier, 15 juill. 1853; J. N., 15025.

ou locataire, la durée du bail, les conditions, le montant du fermage ou loyer, et les époques de payement; puis les parties déclarent le chiffre des fermages ou loyers courus jusqu'au jour du décès.
voir notre *Traité-form.*, n° *1481.*

174.— *Papiers divers.* On termine l'inventorié des papiers par les avertissements et quittances de
contributions, les polices d'assurances, les reçus, factures et mandats acquittés, lettres missives, etc. Les
éléments d'actif et de passif qui en résultent sont constatés et, au besoin, complétés par les déclarations
des parties.

175.— *Livres et registres de commerce.* S'il y a des livres et registres de commerce, l'état en est constaté par l'indication de leur format, de la manière dont ils sont reliés ou cartonnés, de l'usage du re-

La première est un avertissement des contributions pour l'année. . . . ., des biens
situés commune de. . . . .; il en résulte que le montant des impôts est de. . . . .

La deuxième est une quittance de. . . . ., pour les trois premiers douzièmes de ces
impôts.

Les troisième et quatrième sont d'anciens avertissements.
Ces pièces ont été cotées. . . . ., etc. . . . .
« Mme veuve DUVAL déclare qu'au décès de son mari, il était dû, pour prorata d'impôts
depuis le. . . . ., une somme de. . . . . »

COTE VINGT-TROISIÈME. Six pièces.

La première est l'original d'une police d'assurance contre l'incendie à la compagnie. . . . ., portant la date du. . . . .; il en résulte que M. DUVAL a assuré contre les
risques de l'incendie les maisons et bâtiments situés à. . . . ., pour une durée de dix années à partir du. . . . ., moyennant une prime annuelle de. . . . ., payable le. . . . .

La deuxième est l'original d'une police d'assurance contre la grêle à la compagnie. . .,
portant la date du. . . . ., par laquelle M. DUVAL a assuré contre la grêle, pour une durée de. . . . ., à partir du. . . . ., toutes ses récoltes sur la commune de. . . . ., moyennant une prime annuelle de. . . . ., payable le. . . .

Les autres pièces sont des mandats acquittés de ces assurances.
Ces pièces ont été cotées. . . . etc.
« Mme DUVAL déclare qu'au décès de son mari, il était dû le prorata de ces primes depuis
le. . . . ., soit une somme de. . . . . »

COTE VINGT-QUATRIÈME. Cent quarante-deux pièces qui sont quittances, reçus, factures
et mandats acquittés.
Ces pièces, pouvant servir de renseignements, ont été cotées. . . . etc.

LIVRES ET REGISTRES DE COMMERCE. (N°s 175 et 176.)

Livre-journal.

COTE VINGT-CINQUIÈME. Un registre relié en basane verte avec bas et haut des dos
et les coins en cuivre. Ce registre est intitulé *Journal C*, il sert à inscrire jour par jour
les ventes et achats de marchandises au comptant ou à terme.
Ce registre contient. . . . . feuillets paraphés du premier au dernier par M. le président du tribunal de commerce de. . . . ., qui a mis son visa sur la première page à la date
du. . . . .
Les pages jusques et y compris le recto du. . . . . feuillet sont entièrement écrites
sans lacune ni intervalle; le reste du registre est en blanc.
Les opérations journalières y sont portées depuis le. . . . . jusqu'au. . . . ., jour où
le présent inventaire a été commencé et où tous les comptes ont été arrêtés, pour présenter un état de situation régulier.

gistre, du titre qu'il porte, du jour où il a été commencé et de celui où il a été terminé, du nombre de feuillets, du nombre des pages écrites et de celles restées en blanc, des feuillets manquants, de ceux de chirés. On bâtonne les blancs se trouvant dans les pages écrites; si le registre n'est point terminé, on l'arrête à la dernière page. Si les feuillets n'ont point déjà été cotés et paraphés, le notaire les cote et paraphe; s'ils l'ont déjà été, le notaire cote et paraphe le registre à la première page seulement (C. pr 943, 6°). Puis on l'analyse en donnant le relevé de l'actif ou du passif qui en résulte; l'actif se divise suivant les déclarations des parties, en créances bonnes, créances douteuses, créances mauvaises.

176.— La loi oblige les commerçants d'avoir des livres de commerce; nous rapportons ici les article lu Code de commerce qui règlent cette matière :

Tous les articles du livre-journal sont reportés sur le *grand-livre* ci-après inventori aux divers comptes qu'ils concernent.

 En conséquence, il n'a pas été fait plus ample description de ce registre; les feuillet n'en ont point été cotés ni paraphés par M^e. . . . ., attendu qu'ils l'ont été, comme il es dit ci-dessus, par M. le président du tribunal de commerce; et il a été inventorié comm pièce unique de la cote vingt-cinquième, ci. . . . . *Vingt-cinquième*

Grand-livre.

Cote vingt-sixième. Un registre in-folio, cartonné et couvert en basane verte, in titulé *Grand-livre C*, contenant, d'après le relevé du journal C correspondant, l compte par *doit* et *avoir* de chaque débiteur ou créancier de M. Duval, et les diver autres comptes nécessités par ses opérations commerciales.

Ce registre a deux cents feuillets numérotés de 1 à 199, la première page du registr et la dernière ne portant pas de numéros; les deux pages en regard l'une de l'autre on le même numéro et sont destinées, la première à l'*avoir*, la seconde au *doit*.

Le registre est employé jusques et y compris le feuillet portant le n° 142, le surplus es en blanc. Les pages employées étant destinées à des reports successifs, sont en partie écri tes et en parties laissées en blanc.

Tous les comptes ont été arrêtés et balancés au. . . . ., date de l'ouverture du présen inventaire.

Il est fait observer que tous les comptes réglés de part et d'autre par effets de com merce sont balancés et ne présentent aucun reliquat sur le grand-livre, mais le relevé d registre d'échéance ci-après inventorié fait connaître ce qui est dû à M. Duval ou ce qu'i doit à cet égard.

Dépouillement fait de ce grand-livre, il en résulte qu'il est dû à la communauté le créances ci-après qui seront divisées en bonnes, douteuses et mauvaises, d'après les dé clarations de Mme Duval, savoir :

BONNES CRÉANCES.

1° Par. . . .

CRÉANCES DOUTEUSES.

1° Par. . . . .

MAUVAISES CRÉANCES.

1° Par. . . . .

Après que tous les blancs existants dans les pages écrites de ce registre ont été bâton nés et que chaque feuillet écrit a été paraphé par M^e. . . . ., il a été inventorié comme pièc unique de la cote vingt-sixième, ci. . . . . *Vingt-sixième*

Table alphabétique.

Cote vingt-septième. Un petit registre cartonné avec dos et coins en basane verte, con tenant la table alphabétique des noms portés au grand-livre, avec l'indication des folio des différents comptes.

Ce registre a été coté, paraphé et inventorié comme pièce unique de la cote vingt septième, ci. . . . . *Vingt-septième*

Art. 8. Tout commerçant est tenu d'avoir un livre journal qui *présente*, jour par jour, ses dettes actives et passives, les opérations de son commerce, ses négociations, acceptations ou endossements d'effets, et généralement tout ce qu'il reçoit et paye, à quelque titre que ce soit, et qui *énonce*, mois par mois, les sommes employées à la dépense de sa maison ; le tout indépendamment des autres livres usités dans le commerce, mais qui ne sont pas indispensables. — Il est tenu de mettre en liasse les lettres missives qu'il reçoit, et de copier sur un registre celles qu'il envoie.

Art. 9. Il est tenu de faire, tous les ans, sous seing privé, un inventaire de ses effets mobiliers et im-

---

Registre des inventaires.

Cote vingt-huitième. Un registre cartonné avec dos et coins en parchemin, contenant. . . . . feuillets, paraphés par M. le président du tribunal de commerce de. . . . . , qui a mis son visa sur la première page le. . . . .

Les pages, jusques et y compris la. . . . . , sont écrites en entier; le reste est en blanc.

Ce registre contient la copie des inventaires faits chaque année par M. Duval de la situation de ses affaires ; il commence par l'inventaire de l'année. . . . . et finit par celui dressé le. . . . .

Ce dernier inventaire constate un actif net de. . . . .

Duquel registre il n'a été fait plus ample description, mais il a été coté, paraphé et inventorié sous la cote vingt-huitième, ci . . . . *Vingt-huitième.*

Registre copie de lettres.

Cote vingt-neuvième. Un registre cartonné avec dos et coins en parchemin, renfermant cent cinquante feuillets numérotés à chaque page de un à trois cents.

Ce registre, destiné à recevoir la copie de toutes les lettres écrites par M. Duval pour affaires de commerce, est employé, depuis la première page jusqu'aux deux tiers de la cent trente-cinquième, sans blancs ni lacunes.

Après que le blanc existant à la dernière page écrite a été bâtonné, ce registre a été coté, paraphé et inventorié comme pièce unique de la cote vingt-neuvième, ci . . . . *Vingt-neuvième.*

Livre d'échéances.

Cote trentième. Un petit registre cartonné et couvert en maroquin rouge, intitulé livre d'échéances, contenant le relevé, pour chaque mois, des effets de commerce que M. Duval avait à toucher et de ceux qui étaient à payer par lui pour affaires de son commerce.

Ce registre est composé de soixante feuillets, les quarante premiers sont écrits.

Tous les billets acquittés sont marqués à la marge du mot *payé* et ceux passés dans le commerce du mot *négocié.*

Après que tous les blancs existants dans les pages écrites ont été bâtonnés, ce registre a été coté, paraphé et inventorié comme pièce unique de la cote trentième.

Il résulte du relevé fait de ce registre, qu'il est dû à M. Duval, pour effets à recevoir, la somme de. . . . . , composée des différents effets compris ci-dessus sous la cote quatorzième.

Et qu'il est dû par M. Duval les différents effets et règlements ci-après énoncés, savoir :

mobiliers, de ses dettes actives et passives, et de le copier, année par année, sur un registre spécial à ce destiné.

Art. 10. Le livre journal et le livre des inventaires sont paraphés et visés une fois par année. — Le livre de copies de lettres n'est pas soumis à cette formalité. — Tous sont tenus par ordre de dates, sans blancs, lacunes, ni transports en marge.

Art. 11. Les livres dont la tenue est ordonnée par les art. 8 et 9 sont cotés, paraphés et visés soit par un des juges des tribunaux de commerce, soit par le maire ou adjoint, dans la forme ordinaire et sans frais. Les commerçants sont tenus de conserver ces livres pendant dix ans. »

177.—*Découverte d'un testament.* Si les scellés ont été apposés et que, lors de leur levée, il soit trouvé un testament olographe ou mystique, c'est au juge de paix qu'il appartient d'en faire la présentation au président du tribunal, qui en ordonne le dépôt (1) (*C. Pr., 916 à 920*).

Livre de caisse.

COTE TRENTE-UNIÈME. Un registre petit format cartonné et composé de soixante feuillets dont les trente premiers sont entièrement écrits et tous les autres sont en blanc.

Ce registre, intitulé *Livre de caisse*, contient le détail, jour par jour, des entrées et sorties de fonds dans la caisse de M. DUVAL et la balance de compte à la fin de chaque mois.

La dernière balance, arrêtée au. . . . ., date de l'ouverture du présent inventaire, constate qu'à cette époque il existait en caisse, en billets de banque et espèces de monnaie, la somme de . . . . ci-après déclarée.

Après que les blancs existants dans les pages écrites de ce registre ont été bâtonnés, il a été coté, paraphé et inventorié sous la cote trente-unième, ci. . . . . . *Trente-unième*

Registres anciens.

COTE TRENTE-DEUXIÈME. Quatre registres anciens entièrement écrits, comprenant les opérations antérieures au. . . . ., date du commencement des registres précédemment inventoriés.

Le premier est intitulé *Journal A ;* le second *Grand-livre A ;* le troisième *Journal B ;* le quatrième *Grand-livre B.*

Attendu que tous les reliquats actifs ou passifs de ces registres ont été portés à nouveau au grand-livre C, ci-devant inventorié, il n'en est fait plus ample description, et ils ont été simplement cotés, paraphés et inventoriés sous la cote trente-deuxième, ci. . . . . *Trente-deuxième*

Lettres missives.

COTE TRENTE-TROISIÈME. Une liasse de. . . . ., pièces qui sont lettres missives, reçues par M. Duval à l'occasion de son commerce.

Ces lettres, pouvant servir de renseignements, ont été cotées, paraphées et inventoriées sous la cote trente-troisième, ci. . . . . *Trente-troisième*

DÉCOUVERTE D'UN TESTAMENT. (Nos 177 à 185.)

1° Si le testament est cacheté. (N° 178.)

En procédant à l'inventorié des objets se trouvant dans le secrétaire, les notaires

---

(1) Voir ordonn. président. trib. Lombez, août 1846; J. N., 13898.

178. — S'il n'y a pas eu de scellés ou s'ils ont été levés sans description et que le notaire en procédant découvre un testament olographe ou mystique, il procède comme le juge de paix en cas de scellés (1) : le testament est-il cacheté, le notaire en constate la forme extérieure, le sceau et la suscription s'il y en a, paraphe l'enveloppe avec les parties présentes si elles le savent ou le peuvent, et indique les jour et heure où le paquet sera par lui présenté au président du tribunal de première instance; il fait mention du tout sur son procès-verbal, lequel est signé des parties, sinon mention est faite de leur refus (*C. pr.*, *916*).

179. — Aux jour et heure indiqués, sans qu'il soit besoin d'aucune assignation, les paquets trouvés cachetés sont présentés au président du tribunal de première instance, lequel en fait l'ouverture, en constate l'état, et en ordonne le dépôt si le contenu concerne la succession (*C. pr.*, *918*).

180. — Si le testament trouvé cacheté ou non est celui d'un tiers; le notaire doit remplir les mêmes formalités que si le testament émanait du défunt (2).

181. — Le notaire qui, en procédant, trouve un testament cacheté, ne peut en faire l'ouverture sans s'exposer à une infraction qui le rendrait passible d'une peine disciplinaire (3), alors même que la suscription lui en donnerait l'autorisation, car c'est par mesure d'ordre public que l'ouverture doit être faite par le président (4).

---

soussignés ont découvert un paquet cacheté paraissant renfermer le testament de M.....
Ce paquet est clos par une enveloppe de papier blanc, scellé avec de la cire rouge par une seule empreinte portant les initiales P. D. en lettres gothiques; l'enveloppe porte cette suscription : « Ceci est mon testament (signé) . . . . . »

Les parties et les notaires ont paraphé l'enveloppe; puis les parties ont requis M°..... de se transporter demain. . . . ., de ce mois, à onze heures du matin, au palais de justice du tribunal civil de première instance de. . . . ., pour présenter le testament à M. le président de ce tribunal, qui en fera l'ouverture et en ordonnera le dépôt.

La vacation pour la continuation du présent inventaire est ajournée à un jour qui sera ultérieurement fixé, pour avoir lieu à la requête et en présence de telles personnes qu'il appartiendra (n° 184).

Il a été vaqué. . . . . etc.

2° *Si le testament est ouvert.* (N° 182.)

En procédant à l'inventorié des objets se trouvant dans le secrétaire dont il vient d'être question, les notaires soussignés ont trouvé un papier ouvert, qui paraît être le testament de M. . . . ., écrit sur une feuille au timbre de cinquante centimes : la première page est entièrement écrite; elle commence par ces mots. . . . . et finit par ceux-ci. . . . .; la deuxième page est à moitié écrite, l'autre moitié est en blanc ; elle commence par ces mots. . . . ., et finit par la signature de M. . . . ., ainsi apposée. . . . .

Les parties et les notaires ont paraphé ce testament, puis les parties ont requis, etc. (*Le surplus comme ci-dessus.*)

3° *Si les scellés sont levés en même temps qu'il est procédé à l'inventaire.* (N° 177.)

En procédant à l'inventorié des objets. . . . ., il a été trouvé un paquet cacheté qui paraît être le testament de M. . . . ., et dont M. le juge de paix s'est saisi pour en faire la présentation à M. le président du tribunal civil de première instance de. . . . ., afin que ce magistrat en ordonne le dépôt.

A M. . . . . la somme de. . . . . payable le. . . . .
A M. . . . . etc.

---

(1) Pigeau, II, p. 601; Roll., *Dépôt de test.*, n° 27.
(2) De Belleyme, *Ordonn.*, II, p. 296; Roll., *Invent.*, n° 262.
(3) Trib. Chartres, 8 avril 1842; J. N., 11291.

(4) De Belleyme, II, p. 205; Dict. not.; *Invent.*, n° 396 ; Roll., *ibid.* n° 275.

182.— Si le testament est trouvé ouvert, le notaire en constate la forme extérieure et observe ce qui est prescrit *supra* n° *178* (C. pr., *920*).

183.— Lorsqu'une personne tierce dépositaire du testament vient le présenter pendant le cours de l'inventaire, le notaire en constate la remise et procède comme dans le cas où le testament est trouvé parmi les papiers (1).

184.— Lorsque le testament émané du défunt renferme un legs universel ou à un titre universel au profit de personnes non présentes à l'inventaire, il doit être sursis à la continuation de l'inventaire, pour ensuite le continuer avec les nouveaux intéressés (2).

185.— On doit donc appeler ces nouveaux intéressés lors de la continuation, et alors il y a lieu à la rectification de l'intitulé, *supra* n° *18*. Si les nouveaux intéressés résident hors de la distance de cinq myriamètres, on peut se dispenser de les appeler en faisant nommer un notaire pour les représenter.

186.— *Paquets cachetés.* Les paquets cachetés trouvés au domicile du défunt, et non découverts lors de l'apposition des scellés, doivent être présentés au président du tribunal, qui procède à leur ouverture et à leur description en présence des intéressés, et, s'il y a lieu, de la personne qui serait indiquée par la suscription comme en étant propriétaire ou devant les recevoir (C. pr., *919*).

En conséquence, la vacation pour la continuation. . . . ., etc. . . . . (*Le surplus comme au* n° 1er.)

Continuation de l'inventaire aprs l'ouverture du testament. (N° 185.)

Et aujourd'hui. . . . .

Il va être, aux mêmes requête, présence et qualités qu'en l'intitulé des présentes,

Et en outre en présence de M. . . . . .

En qualité d'habile à recueillir le legs que M. . . . . , lui a fait du quart des biens meubles et immeubles qui composent sa succession, aux termes de son testament fait sous la forme olographe en date. . . . ., etc. . . . . ,

Procédé par Me. . . . .

A la continuation de l'inventaire après le décès de M. . . . .

Si les qualités sont entièrement modifiées :

Il va être à la requête de :
1° M. . . . .

Enoncer les noms et les qualités de même qu'en l'intitulé, et mentionner le changement en marge du premier intitulé.

Procédé par Me. . . . .

A la continuation de l'inventaire après le décès de M. . . . .

PAQUETS CACHETÉS. (N° 486.)

Parmi les objets renfermés dans le secrétaire, il a été trouvé un paquet clos avec une feuille de papier blanc, ficelé et cacheté, ne portant aucune suscription : les parties et les notaires l'ont paraphé sur la couverture; puis les parties ont requis Me. . . . . de se transporter demain. . . . ., au palais de justice du tribunal civil de première instance de. . . . ., pour présenter ce paquet à M. le président de ce tribunal qui en fera l'ouverture et ordonnera ce que de droit.

---

(1) Pigeau, II, p. 580 ; Roll., *Invent.*, n° 263.

(2) Pigeau, II, p. 580; De Belleyme, II, p. 291; Dict. not., *Invent.*, n° 400; Roll., *ibid.*, n° 265.

187.— *Papiers étrangers à la succession.* S'il est trouvé des papiers étrangers à la succession et réclamés par des tiers, ils sont remis à qui il appartient; s'ils ne peuvent être remis à l'instant, et qu'il soit nécessaire d'en faire la description, elle est faite sur le procès-verbal des scellés, et non sur l'inventaire (*C. pr., 939*); s'il s'élève des difficultés sur la remise demandée, il en est référé au président du tribunal (1).

188.— *Lettres confidentielles.* Parmi les papiers trouvés au domicile du défunt, il peut se trouver des lettres confidentielles, c'est-à-dire devant, dans la pensée de celui qui les a écrites, rester secrètes; celui qui reçoit de telles lettres n'y a qu'un droit personnel non susceptible de transmission, et qui, conséquemment, ne passe pas aux héritiers; la personne qui les a écrites peut donc en demander la remise et s'opposer à ce qu'elles soient inventoriées; si les héritiers contestent le caractère de ces lettres et soutiennent qu'elles doivent rester à la succession, les tribunaux peuvent, soit ordonner l'apport des lettres en la chambre du Conseil pour en vérifier le contenu, soit permettre aux héritiers, en présence du juge de paix, d'en faire prendre connaissance par un mandataire choisi parmi eux ou parmi les avocats, notaires ou avoués, et dire que ce mandataire indiquera parmi les lettres celles qu'il jugera non confidentielles pour être trans-

---

PAPIERS ÉTRANGERS A LA SUCCESSION. (N° 187.)

Dans le secrétaire, il s'est trouvé une liasse de neuf pièces renfermées dans une couverture portant cette suscription : « Ces papiers appartiennent à M. Désir VALIN, pro- » priétaire, demeurant à. . . ., qui me les a confiés. »

À la réquisition des parties ces papiers ont été remis à M. VALIN, ici présent, qui le reconnaît et en décharge la succession.

Après lecture, M. VALIN a signé.

(Signature.)

LETTRES CONFIDENTIELLES. (N° 188.)

Dans le secrétaire, il s'est trouvé un paquet de lettres renfermé dans une couverture et ficelé; la couverture porte cette suscription : « Lettres à moi adressées par M. Charles » LEBON, fabricant à. . . . . »

M. LEBON, ici intervenant, a déclaré que ces lettres, destinées à rester secrètes, ne donnaient à feu M. DUVAL qu'un droit personnel non susceptible de transmission, et en a réclamé la remise.

Les parties ont déclaré ne pas s'y opposer; en conséquence, cette liasse de lettres a été remise à M. LEBON, qui le reconnaît et en décharge la succession.

Après lecture, M. LEBON a signé.

(Signature.)

AVANTAGES SUJETS A RAPPORT FAITS AUX ENFANTS. (N° 189.)

Contrat de mariage de M. Jean Duval.

CÔTE TRENTE-QUATRIÈME. Une pièce qui est l'expédition, représentée par M. Jean DU-VAL, d'un contrat passé devant Me. . . . ., qui en a gardé minute, et l'un de ses collègues, notaires à. . . ., le. . . . ., contenant les clauses et conditions civiles du mariage d'entre lui et Mme Héloïse DRANCEY; aux termes duquel contrat M. et Mme DUVAL ont fait donation, par avancement d'hoirie sur leurs successions futures, chacun pour moitié, à M. Jean DUVAL, leur fils, d'une somme de vingt mille francs, stipulée payable : dix mille francs le jour du mariage, dont la célébration en vaudrait quittance ; et les dix mille francs de surplus dans le délai de deux ans du jour de la célébration du mariage, avec l'intérêt à cinq pour cent par an, à partir du même jour.

Les parties déclarent que dix mille francs ont été payés à M. Jean DUVAL lors de son mariage, et que les dix mille francs de surplus ont été payés à l'époque d'échéance.

Cette pièce a été de suite reprise par M. Jean DUVAL, en conséquence e le n'a été ni ni cotée, ni paraphée, mais elle a été inventoriée sous la cote trente quatrième, ci . . . . *Trente-quatrième.*

---

(1) Roll., Invent., n° 268.

mises sous enveloppe cachetée par le juge de paix au tribunal, qui en fera l'appréciation. Les autres lettres seront replacées sous le scellé (1).

189. — *Rapports.* L'inventaire, devant contenir tous les éléments de la liquidation ultérieure, il est nécessaire d'y constater les rapports que les héritiers sont tenus de faire à la succession du défunt, voir notre *Traité-form.*, n°s 2005 *et suiv.*; à cet effet le notaire se fait représenter par les héritiers les contrats de mariage, donations ou autres actes desquels les libéralités résultent, et il les inventorie comme pièces représentées et de suite rendues, c'est-à-dire sans les coter ni parapher. A défaut de pièces représentées, les parties font des déclarations sur la nature et l'importance des rapports à effectuer.

190. — *Don manuel.* La déclaration ou la reconnaissance d'un don manuel, faite dans un inventaire par le donataire ou ses représentants, est passible du droit proportionnel de donation (2) (*loi 18 mai 1850, art. 6*), mais seulement lorsque le don manuel est postérieur à cette loi, car s'il résulte des circonstances

---

Donation à M. Paul Duval.

Cote trente-cinquième. Deux pièces représentées par M. Tournier, mandataire de M. Paul Duval :

La première est l'expédition du contrat de mariage d'entre M. Paul Duval et Mme Téréza Damiens, passé devant Me. . . . ., qui en a gardé minute, et l'un de ses collègues, notaires à. . . . ., le. . . . .; ce contrat ne contient aucune donation ni aucun avantage en faveur de M. Jean Duval.

La deuxième est l'expédition d'un acte passé, en présence de témoins, devant Me. . . . . . notaire à. . . ., qui en a gardé minute, le. . . . .; aux termes duquel M. Duval, *de cujus*, a fait donation entre-vifs, en avancement d'hoirie, à M. Paul Duval, son fils, d'une pièce de terre labourable, située commune de. . . . lieu dit. . . . ., de la contenance de. . . . , section . . . ., n°. . . . . du plan cadastral, et a mis à la charge de M. Jean Duval le payement d'une somme de mille francs due à M. . . . ., en vertu d'une obligation reçue par Me. . . . ., notaire à. . . . ., le. . . . .

M. Tournier ès dit nom déclare :

Que M. Paul Duval a vendu l'immeuble dont son père lui a fait donation à M. . . . ., suivant contrat passé devant Me. . . . ., notaire à. . . . ., le. . . . ., de sorte que ce rapport sera effectué en moins prenant;

Et qu'il a payé les mille francs dont il a été chargé, suivant quittance passée devant Me. . . . ., notaire à. . . . ., le. . . . ., ce qui diminue d'autant son rapport.

Ces pièces ont été de suite reprises par M. Tournier, pourquoi elles n'ont été ni cotées ni paraphées, mais elles ont été inventoriées sous la cote trente-cinquième, ci. . . . . *Trente-cinquième.*

Contrat de mariage de Mme David.

Cote trente-sixième. Une pièce qui est la copie informe du contrat de mariage d'entre M. et Mme David reçu, avec l'assistance de témoins, par Me. . . . ., notaire à. . . . ., qui en a gardé minute, le. . . . ., aux termes duquel M. et Mme Duval ont fait donation, par avancement d'hoirie sur leurs successions futures, chacun pour moitié, à Mme David, leur fille :

1° D'un trousseau se composant de linge de toilette et de ménage, et de divers objets d'ameublement, le tout estimé quatre mille francs, ci.	4,000	»
2° Et d'une somme de seize mille francs en numéraire, ci.	16,000	»
Ensemble vingt mille francs, ci.	20,000	»

---

(1) Rouen, 1er août 1861; Mon. Trib., 1862, p. 416; voir aussi De Belleyme, II, p. 222; Dict. not., *Invent.*, n° 393; Paris, 10 nov. 1852; Bordeaux, 13 déc. 1855; J. N., 1895, 4-820.

(2) Voir Cass. 13 août 1860; Trib. Pontoise, 21 nov. 1861; J. N., 16022, 17580.

que le don a été réellement fait à une époque antérieure, la déclaration ou reconnaissance ne donne pas lieu à la perception du droit (1).

191. — *Pièces inventoriées par récolement.* Il y a lieu à la confection d'un inventaire par récolement : 1° lorsque après le décès de l'un des époux il a été procédé à un inventaire de la communauté et que peu de temps après le conjoint survivant vient à mourir, afin d'examiner si tous les objets et papiers existent encore en nature et d'énoncer ce que sont devenus ceux qui ne se retrouvent pas ; 2° lorsque pendant le mariage l'un des époux a recueilli la totalité d'une succession dont l'importance a été constatée par un inventaire, afin de constater quels sont les objets existant encore et dont la reprise peut s'effectuer en nature, et quel a été le sort de ceux n'existant plus, dans le but de déterminer la reprise en deniers.

192. — Les papiers qui existent encore en nature ne sont ni cotés ni paraphés, puisqu'ils l'ont été lors du premier inventaire ; les papiers manquants sont portés en déficit.

Le tout stipulé livrable et payable le jour du mariage, qui en vaudrait quittance.
Cette pièce a été cotée. . . . . etc.
Les parties déclarent que le trousseau et la somme donnés à Mme David lui ont été livrés et payés le jour de son mariage.
Toutefois M. et Mme David font observer que sur le trousseau donné à Mme David pour une valeur de quatre mille francs, ci. . . . . | 4,000 »
Il ne leur a pas été livré :
1° Six paires de draps, estimées deux cent quarante francs, ci. . . . . | 240 »
2° Un matelas, estimé quatre-vingts francs, ci | 80
3° Une armoire à glace, estimée trois cents francs, ci.. . . . . | 300 »
Ensemble, six cent vingt francs, ci. . . . . . | 620 » | 620 »
Ce qui réduit son rapport, pour cette cause, à trois mille trois cent quatre-vingts francs, ci. . . . . | 3,380 »

Les autres parties font toutes réserves contre cette déclaration.

Don manuel à M. Jean Duval. (N° 190.)

M. Jean Duval déclare qu'il lui a été donné manuellement par son père :
1° Le six avril mil huit cent quarante-huit, une somme de deux mille francs, qu'il a employée le huit du même mois à payer le prix de son remplacement au service militaire, ci. . . . . | 2,000 »
2° Et une autre somme de six mille francs, le premier juin mil huit cent cinquante-deux, ci. . . . . | 6,000 »
Ensemble, huit mille francs, ci. . . . . | 8,000 »

RÉCOLEMENT D'INVENTAIRE. (N°s 191 à 193.)

Cote. . . . . Une pièce.
Cette pièce est l'expédition de l'inventaire après le décès arrivé à. . . . . le. . . . ., de M. . . . ., en son vivant propriétaire, demeurant à. . . . ., dressé par M^e. . . . . qui en a gardé minute, et l'un de ses collègues, notaires à. . . . ., le. . . . ., à la requête de M. et Mme. . . . . ; Mme. . . . ., en qualité de seule et unique héritière de M. . . . ., son frère.

---

(1) Trib. Épernay, 12 oct. 1850 ; Vassy, 30 mars 1855 ; Senlis, 30 juill. 1857 ; J. N., 14255, 15538, 16217 ; contra trib. Nevers, 26 mars 1851 Seine, 31 août 1851 ; J. N., 15538, 16217.

193.—S'il existe des objets et des papiers autres que ceux compris dans le précédent inventaire, ils sont inventoriés en la manière ordinaire.

§ 4. — DÉCLARATIONS.

194.—L'analyse des papiers est presque toujours insuffisante pour faire connaître l'état de la communauté ou de la succession ; car des reprises ou des récompenses peuvent ne point résulter des pièces inventoriées, de même qu'il existe le plus souvent quelques dettes actives ou passives en dehors de ces pièces ; elle doit donc être complétée par les déclarations des parties (*C. pr. 943, 7°*).

195.— *Déclarations générales.* Les déclarations générales embrassent les faits arrivés pendant le mariage et qui ne résultent point de l'inventorié des papiers ; ainsi, elles ont pour objet de faire connaître : dans le cas de communauté ou société d'aquêts, si des successions sont échues aux époux, s'il leur a été fait des donations ou des legs, ce qu'ils en ont retiré ; et, dans le cas de communauté légale, ce qui est provenu à l'un ou à l'autre en mobilier et en immeubles (1) ; ou si des dettes ont été payées en l'acquit des époux, quelle en est l'importance, si ces dettes s'appliquaient aux meubles ou aux immeubles ; si des constructions, grosses réparations, plantations et autres impenses ont été faites sur les biens propres aux époux ; si des ventes d'immeubles propres aux époux ont été faites, en vertu de quels actes et pour quels prix ; enfin s'il a été fait d'autres acquisitions que celles résultant des pièces inventoriées, ou des échanges d'immeubles ; si des soultes ont été reçues ou payées.

196.— *Déclarations actives.* L'énumération détaillée des créances actives qui ne résulte point de titres ni de billets, ou qui résultent de titres ou de pièces que le défunt n'avait point en sa possession, doit être faite sur la déclaration des parties.

La prisée du mobilier a été faite par M°. . . . . commissaire-priseur à. . . . . ; elle s'est élevée à. . . . .

« Nota. Mme . . . . . déclare que ce mobilier a été vendu à l'encan, par le ministère de
« » M°. . . . ., commissaire-priseur à. . . . ., et que le produit de cette vente s'est
» élevé à. . . . . »

Il a été constaté qu'il existait en deniers comptants une somme de. . . . ., dont M. . . . . s'est saisi.

Les papiers ont été inventoriés sous six cotes :

La première renferme six pièces qui se retrouvent en nature ; elles sont relatives à l'acquisition que M. . . . avait faite d'une maison située à. . . . ., rue. . . . ., n°. . . . ., moyennant un prix payé, et qui est encore en la possession de Mme. . . . .

La cote deuxième était composée de trois pièces qui avaient pour objet une créance de. . . . ., sur un sieur. . . . .

Ces pièces sont en déficit, la créance ayant été remboursée ainsi que Mme. . . . . le déclare.

La cote troisième comprend. . . . . etc. . . . .

Continuer ainsi le dépouillement des papiers.

Il a été déclaré qu'il était dû à la succession de M. . . . . diverses sommes s'élevant à. . . . :
Et que cette succession était grevée de diverses dettes se montant à. . . . .

« Nota. Mme . . . . . déclare que les sommes comprises dans les déclarations actives et
» passives ont été reçues ou payées ;
» Qu'en outre, il a été payé à M°. . . . , une somme de. . . . ., pour les frais de l'inventaire ;
» Et au bureau de l'enregistrement de. . . . ., une somme de. . . . ., pour l'acquit des
» droits de mutation. »

DÉCLARATIONS. (N° 194.)

Déclarations générales. (N° 195.)

Mme veuve Duval déclare :

(1. Dict.not.; *Invent.* n° 360 ; Roll., *ibid.*, n° 283.

197.—S'il y avait communauté ou société d'aquêts et que le défunt ait laissé des créances personnelles, on doit les distinguer sous un titre à part de celles de la communauté ou société d'aquêts.

198.—Dans les deux cas, les intérêts des créances sont calculés jusqu'au jour du décès du *de cujus*, car jusque-là ils appartiennent à la masse des fonds de la communauté. Il en est de même des fermages et loyers des biens, *supra n°s 161, 175.*

199.—Chaque créance doit être désignée par les nom, prénoms, qualité et demeure du débiteur, le chiffre et la cause de la créance (1) (*arg. C. pr., 943, 7°*).

200.—Les déclarations actives portées en l'inventaire ne peuvent être opposées aux tiers (2).

201.—Mais, en cas de communauté ou société d'acquêts, elles peuvent être opposées à l'époux survivant qui les a faites, et s'il prétend qu'il y a eu erreur, il doit le prouver : ainsi il fait comprendre une créance active dans l'inventaire, et plus tard, en rendant compte de son administration, il prétend que cette créance n'était point due, c'est à lui de faire la preuve de l'erreur (3).

202.—Les déclarations d'un ou de plusieurs héritiers qui se reconnaissent débiteurs, soit envers la succession, soit envers un ou plusieurs de leurs cohéritiers, leur sont opposables, car elles constituent de véritables reconnaissances obligatoires (4).

203.—La déclaration des créances actives étant une conséquence nécessaire de l'inventaire, les déclarations suivantes faites dans un inventaire ne donnent pas lieu au droit d'enregistrement de titre : 1° déclaration par un héritier présent qu'il est débiteur envers la succession (5); 2° déclaration par un mandataire chargé de la liquidation d'une communauté ou d'une société, ou par un exécuteur testamentaire, qu'il est débiteur du reliquat de son compte (6); 3° déclaration par le tuteur d'un héritier qu'il es débiteur envers la succession par suite de compte (7); 4° déclaration par la veuve commune en biens que

---

1° Qu'outre les successions et les dons et legs par elle recueillis et mentionnés sous les cotes sixième, septième et huitième, elle a recueilli la succession de Mlle Rose Vernier, sa tante, décédée à . . . . , le. . . . . , dont elle s'est trouvée héritière pour un quart; que cette succession se composait seulement de meubles et objets mobiliers qui ont été vendus à l'encan par le ministère de M^e . . . . , commissaire priseur à. . . . , le. . . . . , et qu'il lui est revenu de cette succession une somme nette de. . . . . , ainsi que le constate la décharge donnée à cet officier public par acte de son ministère en date du. . . . . ;

2° Qu'elle n'a recueilli aucune autre succession et qu'il ne lui a été fait aucun autre don ni legs que ceux mentionnés ci-dessus ;

3° Que feu M. Duval, son mari, n'a point recueilli d'autres successions, et qu'il ne lui a point été fait de don ni legs autres que ceux dont il est question aux cotes troisième, quatrième et cinquième ;

4° Qu'il n'a point été fait d'autres ventes ni échanges de propres que ceux indiqués à la suite de l'analyse du contrat de mariage et des titres des propres;

5° Que, dans le courant de l'année . . . . , il a été fait au corps de ferme situé à . . . . , propre à feu M. Duval, la reconstruction d'un gros mur entier qui menaçait ruine; reconstruction nécessaire et conséquemment donnant lieu à une indemnité sur la succession en faveur de la communauté du montant des dépenses, qui a été de. . . . . ;

6° Qu'il a été fait dans la même propriété, en l'année. . . . . , la construction de la grange longeant la rue; que cette construction ayant été utile à la propriété, la succession doit indemniser la communauté de la plus-value qu'elle lui a procurée; plus value qu'il y aura lieu d'estimer ultérieurement;

7° Qu'il n'est point à sa connaissance qu'il soit arrivé d'autres faits susceptibles de donner lieu à reprises ou à indemnités.

---

(1) Pigeau, II, p. 604; Carré, *sur l'art. 943*; Dict. not., *Invent.* n° 405; Roll., *ibid.*, n° 281.
(2) Toullier, IX, 66; Dict. not., *Invent.*, n° 409; Roll., *Invent.*, n° 285
(3) Roll., *Invent.*, n° 287; Cass., 19 janv. 1841.
(4) Roll., *Invent.*, n° 289.

(5) Délib. régie, 2 oct. 1822; J. N., 4265; voir aussi trib. Valenciennes, 27 août 1847; J. N., 13101.
(6) Cass. 22 mars 1814; trib. Cambrai, 14 juill. 1842; J. N., 2174, 11464.
(7) Délib. régie, 9 janv. 1851; J. N., 14250.

des sommes empruntées par elle et son défunt mari suivant des actes notariés l'ont été en réalité pour le compte de deux de leurs enfants qui les ont reçues directement des prêteurs, ce que ces enfants reconnaissent en déclarant que le remboursement de ces sommes est leur affaire personnelle, et que leurs père et mère ne sont vis-à-vis d'eux que les cautions de leur dette (1).

204.— *Déclarations passives.* Sous ce titre, figurent les dettes passives qui ne résultent pas des pièces inventoriées, comme celles dont les titres sont entre les mains des créanciers, les mémoires des marchands, des fournisseurs, les frais de dernière maladie, de funérailles, etc. (2).

205.— S'il y a des dettes de l'association conjugale et des dettes à la charge personnelle du défunt, on doit les porter sous des titres distincts.

206.— Les dettes de maison faites avant le décès, même celles relatives aux frais de dernière maladie, sont à la charge de la communauté ou société d'acquêts; celles faites depuis le décès, comme les frais d'inhumation et autres, sont à la charge de la succession du défunt.

207.— Si les héritiers du défunt sont des mineurs et que leur père ou leur mère ait la jouissance légale de leurs biens, les frais de dernière maladie et ceux des funérailles sont une charge de la jouissance égale, voir notre *Traité-form.* n° 1174, 5°; et comme tels doivent être portés distinctement, ou même peuvent être complétement omis.

208.— Chaque dette doit être énoncée par l'indication de son importance, du nom du créancier et de sa cause (3). (*Arg. C. pr.*, 943, 7°).

209.— Les intérêts et arrérages des dettes et rentes passives sont calculés jusqu'au jour du décès, parce que, jusqu'à cette époque, ils sont une charge des fonds de l'association conjugale ou de la succession du défunt. Il en est de même des loyers et fermages qui peuvent être dus.

210.— Les tiers en faveur desquels des déclarations de dettes sont faites en l'inventaire par l'époux survivant ou par les héritiers du défunt ne peuvent s'en prévaloir; car ces déclarations ont pu être faites sur des renseignements inexacts; on ne doit donc considérer ces déclarations que comme faites sous toutes réserves (4), à moins qu'elles n'aient eu lieu expressément pour valoir reconnaissance (5).

211.— Dans tous les cas, la déclaration de la veuve ne peut lier les héritiers du mari prédécédé; elle ne peut même leur être opposée comme commencement de preuve par écrit (6).

Déclarations actives. (N°s 196 à 203.)

Mme veuve Duval déclare qu'outre l'actif résultant des pièces inventoriées, il est dû à la communauté ayant existé entre feu son mari et elle :
1° Par. . . . . ., etc. . . . .

Enumérer tout l'actif en relatant les noms, prénoms et demeures des débiteurs, le chiffre, la cause des créances, et le montant des intérêts courus jusqu'au jour du décès; si les créances se divisent en bonnes, douteuses et mauvaises, les distinguer, ainsi qu'on le voit sous la cote vingt-sixième.

Déclarations passives. (N°s 204 à 212.)

Mme veuve Duval déclare qu'il est réclamé à la communauté ayant existé entre elle et son mari :
1° Par. . . . ., etc. . . . .

Enumérer les dettes avec l'énonciation des noms, prénoms et demeures des débiteurs, du chiffre des dettes en principal et intérêts, et de leurs causes.

Qu'en outre il est réclamé à la succession de M. Duval. les frais funéraires se composant de :
1°. . . . .

A l'appui des déclarations passives, Mme Duval a représenté quinze pièces qui sont des notes et factures; ces pièces n'ont pas été autrement décrites à la réquisition des parties, mais elles ont été cotées, paraphées et inventoriées sous la cote. . . .

(1) Cass , 24 mars 1862; J. N., 17377.
(2) Roll , *Invent.*. n° 282.
(3) Pigeau, II, p. 604; Carré, *sur l'art,* 943; Roll. *Invent.*, n° 284
(4) Roll , *Invent.*, n° 285; Cass , 16 mars 1825.

5, Roll , *Reconn. de dette*, n° 4; Bourges, 24 avril 1839.
6, Toullier, IX, 66; Duranton, XIII, 354; Roll. *Invent.*, n° 285;
Bourges, 24 avril 1839.

212.— Les déclarations de dettes passives, ayant pour objet de donner un aperçu des charges de la communauté ou succession, elles sont aussi une conséquence de l'inventaire et ne donnent pas ouverture au droit d'enregistrement de titre (1).

§ 5. — INTERPELLATIONS, RÉSERVES.

213.— *Interpellation au tuteur de déclarer s'il est créancier de son pupille.* Lorsque l'inventaire est fait à la requête d'un tuteur, même légal (2), le notaire doit le requérir de déclarer s'il lui est dû quelque chose par le mineur, voir notre *Traité-form*, n° 1282; l'inventaire doit faire mention de cette requisition et de la réponse du tuteur (C. N., 451).

214.— Il semble résulter des termes de l'art. 451 C. N,, que cette interpellation n'est exigée que vis-à-vis du tuteur datif entrant en fonctions; mais l'usage est de la faire dans tous les cas où un tuteur figure à un inventaire au nom de son pupille, car elle a pour but de faire connaître la position du mineur à l'égard de son tuteur, alors que de nouveaux biens vont augmenter son patrimoine, ce qui donne à l'interpellation une véritable utilité lors de chaque inventaire (3).

215.— Si le tuteur ne veut point répondre à l'interpellation qui lui est faite par le notaire ou s'il déclare qu'il ne lui est rien dû, il est déchu de sa créance contre son pupille, lors même qu'elle serait constatée par un titre authentique (4). Il n'en est pas de même s'il n'a point déclaré sa dette, parce que le notaire a omis de l'en requérir (5); mais dans ce cas le notaire peut être responsable, voir notre *Traité-Form. n° 1282.*

216.— Le tuteur doit indiquer sa créance contre son pupille avec le plus de précision possible; si cependant il ne se rappelle pas la quotité de sa créance, il lui suffit d'en indiquer la cause et l'importance approximative. La déclaration faite vaguement par le tuteur qu'il lui est dû ne suffit point. Mais s'il y a compte à faire entre le tuteur et le mineur et que le tuteur ignore absolument s'il lui sera dû quelque chose par son pupille, il suffit qu'il en fasse la déclaration (6).

217.— *Protestations et réserves.* Les personnes présentes à l'inventaire, même celles qui le re-

---

Déclaration par Mme Duval que sa fille mineure ne lui doit rien. (N°s 213 à 216.)

Les notaires soussignés, en conformité des dispositions de l'article 451 du Code Napoléon, ont interpellé Mme Duval pour qu'elle ait à faire connaître s'il lui est dû quelque chose par Mlle Duval, sa fille mineure; et Mme Duval a répondu que sa fille ne lui doit rien autre chose que le coût de la délibération du conseil de famille qui a élu M. Rémy Duval subrogé tuteur.

Protestations et réserves. (N°s 217 à 219.)

M. Jean Duval, M. Tournier, mandataire de M. Paul Duval; M. et Mme David et M. Remy Duval, subrogé-tuteur de la mineure Duval, déclarent faire toutes réserves et protestations contre les déclarations de Mme Duval, en ce qu'elles pourraient être préjudiciables aux droits et intérêts des héritiers.

CLOTURE.

Ne se trouvant plus rien à faire comprendre ni déclarer au présent inventaire, il est

---

(1) Décis. min. fin., 30 flor., an XI; Instr. régie, 3 fruct., an XIII, n° 290, § 18; Délib. régie, 1er oct. 1833.

(2) Bioche, *Invent.*, n° 253; Dict. not., *ibid.*, n° 422; voir cependant Roll., *Invent.*, n° 286.

(3) Dict. not., *Invent.*, n° 415; Roll., *ibid.*, n°s 292, 293.

(4) Toullier, II, 1194; Duranton, III, 339; Dict. not., *Invent.*, n° 416 Roll., *ibid.*, n° 291.

(5) Pau, 6 août 1834.

(6) Dict. not., *Invent.*, n°s 419 à 421; Roll., *ibid.*, n°s 297 à 299.

quièrent, si les déclarations n'ont point été faites par elles, font d'une manière générale toutes réserves et protestations contre les déclarations contenues en l'inventaire.

218. — Si l'inventaire a lieu à la requête de l'époux survivant, tant en son nom que comme tuteur de quelques-uns de ses enfants encore mineurs, les protestations et réserves sont faites par le subrogé tuteur au nom des mineurs, et par les majeurs pour ce qui les concerne; s'il a lieu à la requête des héritiers présomptifs en présence de créanciers opposants, d'un exécuteur testamentaire, de donataires, légataires, etc., les protestations et réserves sont faites par ces derniers.

219. — Les protestations et réserves ont souvent lieu aussi dans le cours de l'inventaire; ainsi une déclaration est faite par l'un des requérants, un autre requérant trouve qu'elle est inexacte, ou qu'elle lui préjudicie, il fait à la suite toutes protestations et réserves, en énonçant ses motifs, s'il le juge à propos, *infra nos 260 et 261.*

§ 6. — CLOTURE.

220. — La clôture de l'inventaire est cette partie du procès-verbal qui termine l'opération et qui constate l'affirmation de la veuve, la prestation du serment, la remise des effets et papiers et les autorisations s'il y a lieu.

221. — *Affirmation de la veuve.* Lorsque la veuve commune fait procéder à l'inventaire après le décès de son mari, cet inventaire doit être par elle affirmé sincère et véritable, lors de sa clôture devant l'officier public (C. N., *1456*).

222. — Cette affirmation n'étant prescrite qu'aux veuves qui ont été communes ou en société d'acquêts, les autres, de même que les maris survivants, en sont dispensés (1).

223. — L'omission de cette affirmation par la veuve survivante n'entraîne pas la nullité de l'inventaire; mais il peut être facilement considéré comme entaché d'inexactitude et d'infidélité, sauf pourtant toutes preuves ou présomptions contraires (2).

---

demeuré clos et arrêté, après avoir été de Mme veuve D_uval_ certifié sincère et véritable. (N°s 220 à 223.)

Et de suite Mme veuve D_uval_ a affirmé, sous serment prêté entre les mains de M^e..... l'un des notaires soussignés, qu'elle a représenté et fait comprendre au présent inventaire tout ce qui, à sa connaissance, peut dépendre tant de la communauté ayant existé entre elle et son défunt mari que de la succession de ce dernier; qu'elle n'en a rien détourné, vu ni su qu'il en ait été rien détourné directement ni indirectement. (N°s 224 à 226.)

S'il y a des domestiques. (N° 224.)

A cet instant sont intervenus :

1° M. Jean M_arquet_, cocher;
2° Mlle Antoinette....., cuisinière;
3° Mlle Marie....., femme de chambre;
Tous trois au service de Mme.....

Lesquels ont prêté serment, chacun séparément, de n'avoir pris, caché ni détourné aucun des objets devant être compris au présent inventaire, vu ni su qu'il en ait été pris, caché ni détourné par qui que ce soit.

Après lecture, ils ont signé et se sont retirés.

(Signatures.)

Les meubles, objets mobiliers, argent comptant, titres et papiers ci-dessus inventoriés ont été, du consentement des parties, mis (*ou* laissés) en la garde et possession de

---

(1) Dict. not., *Invent.*, n° 427; Roll., *ibid.*, N° 303.   2) Roll., *Invent.*, n° 304; Bordeaux, 21 fév. 1829.

224.—*Prestation de serment.* Ceux qui ont été en possession des objets avant l'inventaire, ou qui ont habité la maison dans laquelle sont les objets, doivent affirmer par serment, lors de la clôture de l'inventaire, qu'ils n'en ont détourné, vu détourner ni su qu'il en ait été détourné aucun; et mention doit être faite de ce serment (*C. pr.*, *945*, *8°*). Les domestiques sont compris parmi ceux qui ont habité la maison et doivent aussi prêter le serment.

225.—Le serment est prêté entre les mains du notaire, même quand il y a eu scellés. Le juge de paix ne serait point apte à le recevoir (1).

226.— Si celui à qui le serment est prescrit refuse de le prêter, il y a lieu à référé devant le président du tribunal (2) (*C. pr.*, *944*).

227.—*Remise des effets et papiers.* La remise des papiers et des effets est faite entre les mains de la personne dont les parties conviennent, ou qui, à défaut, est nommée par le président du tribunal; mention en est faite dans l'inventaire (*C. pr.*, *945*, *9°*).

228.—Lorsqu'il y a un époux survivant, c'est à lui que sont confiés le plus souvent les papiers et effets, surtout s'il était commun en biens; il en est de même si c'est une veuve non commune, mais qui a des répétitions à exercer contre la succession de son mari (3). Cependant s'il est à craindre que le survivant ne divertisse quelque effet, on peut lui refuser la garde de certains objets, comme les papiers, l'argenterie, les bijoux, et autres effets précieux; dans ce cas, les objets qui viennent d'être indiqués sont remis, soit à l'un des héritiers, soit à un tiers, selon que les parties en conviennent; les papiers peuvent aussi être déposés au notaire, l'argenterie et les bijoux à l'officier public qui doit procéder à la vente du mobilier; quant à tous autres objets d'un usage journalier et dont le divertissement est plus difficile, ils sont laissés au survivant, à moins que les soupçons élevés contre lui ne soient extrêmement graves (4).

229.— S'il n'y a point de conjoint survivant, les héritiers conviennent entre eux de celui qui sera chargé de la garde des effets et papiers; sinon le gardien est nommé, sur référé, par le président du tribunal.

Mᵐᵉ veuve Duval, qui s'en charge, pour les représenter, quand, à qui et ainsi qu'il appartiendra. (Nᵒˢ 227 à 232.)

Il a été vaqué à tout ce que dessus, depuis huit heures du matin jusqu'à cinq heures du soir, par triple vacation. (Nᵒ 55.)

Après lecture, les parties, sous toutes réserves, ont signé avec les notaires.

FORMULE 14. — **Inventaire après apposition de scellés.** (Nᵒˢ 233 à 259.)

L'an. . . . .,
A la requête de. . . . .,
Et en présence de. . . . .
Il va être procédé. . . . ..

. . . .

Sur la représentation qui sera faite du tout par M. Noël Yvart, valet de chambre au service de feu M. . . . . ., gardien des scellés dont il sera question ci-après; lequel averti du serment qu'il aura à prêter, à la clôture des présentes, de n'avoir rien détourné, vu ni su qu'il ait été rien détourné, promet de s'y conformer.

Il sera procédé, au fur et à mesure que les scellés, apposés par M. le juge de paix du canton de. . . . ., suivant son procès-verbal en date du. . . . ., auront été reconnus sains et entiers, et comme tels levés par ce magistrat. — *Si les scellés sont levés en vertu d'une ordonnance, l'on ajoute* : En conséquence de son ordonnance en date du. . . . ., enregistrée, étant en suite du procès-verbal d'apposition.

(1) Bioche, *Invent.*, nᵒ 178, Dict. not. *ibid.*, nᵒ 433; Rol., *ibid.*, nᵒ 341; J. N., 13080.

(2) Dict. not., *Invent.*, nᵒ 437; Roll., *ibid.*, nᵒ 312; Cass., 23 fév. 1836.

(3) Pigeau, II, p. 602; Roll., *Invent.*, nᵒ 344.

(4) Pigeau, II, p. 602; Dict. not., *Invent.*, nᵒ 440; Roll., *ibid.*, n. 345.

230.— Lorsque le défunt a nommé un exécuteur testamentaire à qui il a accordé la saisine du mobilier, c'est à lui que doit être confiée la garde des effets mobiliers, à moins que les legs n'aient été acquittés ou qu'il ne lui ait été remis somme nécessaire pour les acquitter; dans tous les cas, l'exécuteur testamentaire ne peut réclamer la garde que des effets mobiliers et des titres concernant les legs; quant aux titres des immeubles, la garde peut lui en être refusée (1) (arg. C. N., 1026).

231.— Si la succession est grevée de dettes, les créanciers opposants peuvent contester la remise des papiers et effets à l'exécuteur testamentaire, les créanciers ayant un droit antérieur à celui des légataires; dans ce cas, si les créanciers le requièrent, les objets de la succession sont confiés à un gardien (2).

232.— Si des difficultés s'élèvent sur la remise de l'argent comptant entre les mains d'un gardien, et qu'on ne puisse s'entendre sur le choix d'un tiers, le président du tribunal devant lequel il en est référé peut ordonner le dépôt de l'argent à la caisse des consignations, et le récépissé délivré par la caisse est inventorié avec les autres papiers de la succession (3) (ordonn. 3 juill. 1817, art. 2, 7°).

CHAPITRE QUATRIÈME.

DE L'INVENTAIRE APRÈS SCELLÉS.

§ 1.— APPOSITION DESSCELLÉS.

233.— L'apposition des scellés est une mesure conservatoire qui a pour objet d'empêcher le détournement du mobilier.

234.— Lorsqu'il y a lieu à l'apposition de scellés, il y est procédé par le juge de paix du lieu, ou, à son défaut, par l'un de ses suppléants (C. pr. 907, 912), avec l'observation des formes prescrites par les art. 913 et 914 C. pr.

235.— Les scellés sont des bandes placées sur les ouvertures des meubles et portes, et rendues adhérentes aux deux extrémités avec de la cire sur laquelle est empreint le sceau de la justice de paix (C. pr. 908);

La prisée des objets qui en seront susceptibles sera faite. . . . ., etc.
Et après lecture. . . . .

Clôture de vacation.

Il a été vaqué à tout ce que dessus. . . . .

Tous les objets ci-dessus inventoriés et ceux restant à l'être ont été laissés en la garde et possession de M. YVART, gardien des scellés, qui le reconnaît et s'en charge, pour en faire la représentation quand, à qui et ainsi qu'il appartiendra.

Reprise de vacation.

Il va être, par Me. . . . .,
Procédé à la continuation de l'inventaire après le décès de M. . . . . ., toujours au fur et à mesure que les scellés apposés par M. le juge de paix du canton de. . . . ., auront été par ce magistrat reconnus sains et entiers, et comme tels levés.

Clôture de l'inventaire.

Ne se trouvant plus rien à faire comprendre ni déclarer au présent inventaire, il est demeuré clos et arrêté.

Et M. YVART, gardien des scellés, a affirmé sous serment prêté entre les mains de Me . . . . ., l'un des notaires soussignés, qu'il a représenté et fait comprendre en

---

(1) Pigeau, II, p. 603; Dict. not., Invent., n° 441; Roll., ibid.; n° 316.
(2) Pigeau, II, p. 603; Roll., Invent., n° 317.

3) Bioche n° 17; Roll., Invent., n° 320.

il est fait une description sommaire des objets sur lesquels le scellé ne peut être mis, ou qui sont nécessaires à l'usage des personnes qui restent dans la maison (*C. pr.*, *914, 8° et 924*).

236.—Il y a lieu à l'apposition de scellés sur la demande des parties intéressées (*C. pr.*, *909, 910*) : 1° après le décès, mais jamais auparavant, même sous le prétexte d'empêcher des divertissements imminents, à moins que la réquisition de les apposer ne soit faite par le malade lui-même (1) ; 2° quand un individu a disparu laissant des biens à l'abandon (*C. N.*, *114*), voir notre *Traité-form.*, n° 894 ; 3° en cas de demande en séparation de corps ou de biens (*C. N.*, *270, 1445*) ; 4° en cas d'interdiction ; 5° en cas de mise en faillite (*C. comm.*, *455*).

237.—Le scellé est apposé soit à la diligence du ministère public, soit sur la déclaration du maire ou adjoint de la commune, et même d'office par le juge de paix : 1° si le mineur est sans tuteur et que le scellé ne soit pas requis par un parent ; 2° si le conjoint, ou si les héritiers ou l'un d'eux sont absents ; 3° si le défunt était dépositaire public ; mais seulement pour raison du dépôt et sur les objets qui le composent (*C. pr.*, *911*) ; 4° si le défunt était fonctionnaire, et que par la nature de ses fonctions il eût dû être dépositaire de secrets de l'Etat ou de titres appartenant au gouvernement ; mais seulement sur ses papiers, à l'effet de rechercher s'il n'en est pas qui appartiennent à l'Etat (2) ; 5° si le défunt était officier général ou officier supérieur chef de corps ou de service ; mais seulement sur les papiers, cartes, plans et mémoires militaires, autres que ceux dont le décédé est l'auteur (3) ; 6° si le défunt, lors de son décès était titulaire d'un office de notaire ; mais seulement sur ses minutes et répertoires, *infra* n° 275 ; 7° si le défunt était dépositaire de deniers de l'Etat ; mais seulement sur la caisse et les papiers.

238.—Le titulaire d'un office de notaire, qui prétend que son prédécesseur a retenu dans ses mains une partie des minutes de l'étude, peut être autorisé à faire apposer les scellés sur un meuble par lui indiqué comme renfermant ces papiers (4).

239.—Les héritiers légitimes non réservataires ont-ils, en présence d'un légataire universel, le droit de requérir l'apposition des scellés ? Il faut distinguer : 1° Lorsque le testament est authentique ou s'il s'agit d'un don contractuel, le donataire ou légataire universel est saisi de plein droit et les héritiers ne peuvent faire apposer les scellés (5), à moins qu'ils n'at-

l'inventaire tout ce qui, à sa connaissance, dépend de la succession de M.......
sans avoir rien détourné, vu ni su qu'il ait été rien détourné directement ou indirectement.

Tous les meubles meublants et objets mobiliers décrits en l'inventaire ont été, du consentement de toutes les parties, laissés en la garde et possession de M. YVART, gardien des scellés, qui le reconnaît et s'en charge, pour les représenter quand, à qui et ainsi qu'il appartiendra.

Quant aux titres, papiers et registres, ils ont été, aussi du consentement de toutes les parties, remis à M^e....., l'un des notaires soussignés, qui le reconnaît et s'en constitue dépositaire et gardien.

Il a été vaqué..... etc.

Retraite du gardien des scellés durant l'inventaire.

M. YVART, gardien des scellés, a fait observer qu'il doit quitter dès ce soir les lieux où il est procédé pour entrer au service de M....., propriétaire, demeurant à...., rue..., n° ..., ce qui le met dans l'impossibilité de conserver sa charge de gardien ; il a demandé son remplacement et la décharge de sa responsabilité.

---

1 Carré et Chauveau. *Quest. 3076* ; Pigeau, II, p. 694 ; Thomine, n° 1070.
(2) Chauveau, *Quest. 2073 bis* ; Roll., *Scellé* n° 9 ; Paris, 8 mai 1829.
(3) Arrêté, 13 niv. an 10 ; instr. min. guerre, 13 fév. 1848 ; Jur. N.. 11292.

(4) Bourges, 10 août 1836.
(5) Rouen, 14 déc. 1834 et 14 fév. 1832 ; J. N.. 14762 ; voir Grenoble 3 juill. 1860 ; J. N.. 17080.

taquent comme nul l'acte duquel la disposition résulte ; dans ce cas ils doivent en référer au président du tribunal, qui refuse l'autorisation (1) si la mesure lui paraît purement vexatoire ;

2° Si le legs a été fait par un testament olographe ou mystique non suivi d'envoi en possession, les héritiers peuvent requérir l'apposition des scellés (2), sauf au légataire à les appeler en référé devant le président du tribunal, pour faire ordonner qu'il y sera sursis jusqu'à l'envoi en possession, si d'ailleurs le légataire justifie qu'il n'a pas eu le temps nécessaire pour le demander (3) ;

3° Même en cas d'envoi en possession, les héritiers sont encore admis à requérir l'apposition des scellés, s'ils déclarent ne pas reconnaître les écritures et signature; s'ils attaquent le testament ou l'ordonnance d'envoi en possession en prétendant que le legs a été mal à propos qualifié universel ; s'ils attaquent le testament comme révoqué (4).

240. — Lorsque les héritiers, au lieu d'attaquer le testament, élèvent la prétention qu'il doit exister, au domicile du défunt, un testament postérieur qui révoque le premier testament ou contient d'autres legs, ou des papiers les intéressant, il n'y a point lieu à l'apposition des scellés, mais seulement à une perquisition au domicile (5).

241. — Dans tous les cas où les scellés ont été apposés à la requête d'héritiers non réservataires qui ont contesté sans droit la validité du testament ou de l'envoi en possession, les frais d'apposition et ceux de référé sont à leur charge; mais si les scellés ont été apposés avant l'envoi en possession ou à défaut de la représentation du testament, ils sont à la charge de la succession (6).

242. — Les clefs des meubles sur lesquels les scellés ont été apposés sont remises au greffier et restent entre ses mains jusqu'à leur levée; pendant ce temps le juge ni lui ne peuvent aller dans la maison où est le scellé, à peine de destitution, à moins qu'ils n'en soient requis ou que leur transport n'ait été précédé d'une ordonnance motivée (*C. pr.*, *915*).

243. — Si lors de l'apposition des scellés il est trouvé un testament cacheté ou non, ou un paquet cacheté, le juge de paix procède conformément aux art. 916 à 920 du C. pr.

244. — Si le juge de paix rencontre des obstacles à l'apposition des scellés, ou s'il s'élève des difficultés, il peut établir une garnison extérieure, même intérieure si le cas y échet ; et il en est référé au président du tribunal, à moins qu'il n'y ait péril dans le retard, alors le juge de paix peut statuer par provision, sauf à en référer ensuite au président du tribunal (*C. pr.*, *921*, *922*).

245. — Lorsque l'inventaire a été clos et n'est pas attaqué, les scellés ne peuvent être apposés; mais s'il a été seulement commencé, ils peuvent être apposés sur les objets non inventoriés (*C. pr.*, *923*).

246. — S'il n'y a aucun effet mobilier, le juge de paix dresse un procès-verbal de carence (*C. pr.*, *924*).

En conséquence, et du consentement des parties, M. YVART a affirmé sous serment prêté entre les mains de Mᵉ....., l'un des notaires soussignés, qu'il a fidèlement représenté et fait comprendre au présent inventaire tout ce qui, à sa connaissance, dépend de la succession de M....., sans avoir rien détourné, vu ni su qu'il ait été rien détourné directement ou indirectement.

Mention de ce serment a été consignée dans le procès-verbal de levée de scellés qui, en outre, énonce que M. YVART a été déchargé de ses fonctions de gardien de scellés et que M. Lonis FOUCHARD, concierge, demeurant dans la maison où il est procédé, a été constitué gardien des scellés en remplacement de M. YVART.

FORMULE 15. — **Contestations; référé.** (Nᵒˢ 260 à 266.)

1° Réclamation faite dans le cours de l'inventaire. (Nᵒˢ 260 et 261.)

Mᵐᵉ veuve..... déclare qu'il résulte d'un contrat passé devant Mᵉ....., notaire à....,

---

(1) De Belleyme, I, p. 441; Pigeau, II, p. 616; Chauveau, *Quest. 3064 ter*; Amiens, 7 mai 1860.
(2) Pigeau, *art. 909*; Bioche, *Scellé*, nᵒ 9; Roll., *Invent.*, nᵒ 82. Nîmes, 27 déc. 1810.
(3) De Belleyme, I, p. 443.
(4) De Belleyme, II, p. 394; Pigeau, *Proc. art.* 909 ; Bruxelles.

20 nov. 1810 et 9 mars 1811 ; Bordeaux, 15 déc. 1828; Rennes, 11 août 1858, Jur. N., 11327 ; Rouen 13 janv. 1862, M. T , 1863; p. 436.
(5) De Belleyme, II, p. 300; Bordeaux, 15 déc. 1828; Grenoble, 3 juill. 1860; J. N , 17080, cassin Douai, 28 mai 1855 ; J. N., 12578 voir aussi Douai, 20 déc. 1857; J. N., 13372.
(6) Pigeau, *art. 909*; Bruxelles, 9 mai 1811 ; Douai, 28 mai 1857 et 20 déc. 1857 ; J. N., 12578, 13372.

247. — Le juge de paix établit, pour la garde des scellés, un gardien présenté par les parties, s'il a les qualités requises; s'il ne les a pas, ou s'il n'en est pas présenté, il en est établi un d'office par le juge de paix (*C. pr.*, *914, 10*).

§ 2. — OPPOSITION AUX SCELLÉS.

248. — Tout créancier de la succession peut s'opposer à ce qu'il soit procédé à la levée des scellés hors sa présence.

249. — Les oppositions aux scellés peuvent être faites, soit par une déclaration sur le procès-verbal de scellés, soit par un exploit signifié au greffier du juge de paix (*C. pr.*, *926*).

250 — Toutes oppositions à scellés doivent contenir, à peine de nullité, outre les formalités communes aux exploits : 1° élection de domicile dans le ressort de la justice de paix du lieu de l'apposition si l'opposant n'y demeure pas ; 2° l'énonciation précise de la cause de l'opposition (*C. pr.*, *927*).

§ 3. — LEVÉE DES SCELLÉS.

251. — Ainsi que nous l'avons dit *supra n°* 33, le scellé, sauf le cas d'urgence, ne peut être levé que trois jours après l'inhumation s'il a été apposé auparavant, et trois jours après l'apposition si elle a été faite depuis l'inhumation (*C. pr.*, *928*); voir aussi, *supra n°* 22.

252. — Si parmi les héritiers il se trouve des mineurs non émancipés, ils doivent, avant la levée des scellés, être pourvus de tuteurs ou émancipés (*C. pr.*, *929*).

253. — Les scellés sont levés à la requête et en présence des mêmes personnes que celles voulues pour la confection de l'inventaire, *supra n°s* 48 à 51, 65.

254. — Les formalités pour parvenir à la levée des scellés, sont : 1° une réquisition à cet effet consignée dans le procès-verbal du juge de paix ; 2° une ordonnance du juge indicative des jour et heure où la levée sera faite ; 3° une sommation d'assister à cette levée faite à tous ceux qui doivent y être présents, s'ils ne consentent pas à s'y trouver sur une simple invitation. S'ils demeurent au delà de cinq myriamètres, ils y sont représentés par un notaire commis, *supra n°* 20. Les opposants sont appelés aux domiciles par eux élus (*C. pr.*, *931*).

255. — Le procès-verbal de levée de scellés est dressé selon les formes prescrites en l'art. 936 C. pr.

---

le . . . . . , qu'une pièce de terre à elle propre, située commune de . . . . . ., lieu dit . . . . , de la contenance de . . . . ., section . . . n° . ., du plan cadastral, a été vendue à M . . ., moyennant un prix de . . . . . payé comptant.

Mais qu'une partie du prix a été dissimulée ; que ce prix était réellement de . . . . . qui ont été payés comptant.

Et que le montant de sa reprise, pour raison de cette vente, doit être du prix réel, soit . . . . .

Après lecture, elle a signé.

(Signature.)

MM. . . . . . (*les autres parties*) déclarent que la prétention de Mme . . . . . n'est aucunement justifiée et qu'ils se réservent de la repousser.

Après lecture, ils ont signé.

(Signatures.)

2° *Autorisation d'administrer donnée à l'un des héritiers.* (N° **262.**)

Avant la clôture du présent inventaire, les parties ont reconnu la nécessité, dans l'intérêt de tous, de confier à une seule personne la gestion et l'administration des biens et affaires de la succession (*ou* du fonds de commerce de . . . . . exploité à . . . . .), et d'un commun accord elles ont nommé administrateur M . . . . l'un des héritiers, auquel elles ont donné tous pouvoirs à l'effet de : (*énumérer tous les pouvoirs donnés à l'administrateur*).

Le juge de paix a le droit, soit lors de l'apposition des scellés, soit lors de l'inventaire, de faire toutes les interpellations nécessaires pour constater les valeurs qui dépendent de la succession [1].

256. — Les scellés sont levés par le juge de paix successivement, et à fur et mesure de la confection de l'inventaire, après qu'il les a reconnus sains et entiers; ils sont réapposés à la fin de chaque vacation (*C. pr.*, *956, 957*) [Form. 14].

257. — On peut réunir les objets de même nature pour être inventoriés successivement suivant leur ordre; ils sont dans ce cas replacés sous les scellés (*C. pr.*, *958*).

258. — S'il est trouvé des objets ou papiers étrangers à la succession et réclamés par des tiers, voir *supra* n°s *115 et 187*.

259. — Si la cause de l'apposition des scellés cesse avant qu'ils soient levés ou pendant le cours de leur levée, ils sont levés sans description (*C. pr.* *940*). Il en est ainsi, par exemple, lorsque l'absent est de retour, et lorsque le mineur est pourvu d'un tuteur [2] ou émancipé [3].

CHAPITRE CINQUIÈME

DES DIFFICULTÉS ET DU RÉFÉRÉ.

260. — Lorsque l'une des parties a des réclamations à faire, il est utile de les formuler dans l'inventaire

3° *Demande d'un administrateur des biens de l'hérédité.* (N° 263.)

En procédant, Mme veuve. . . . . a dit que provisoirement et en attendant la liquidation des communauté et succession dont il s'agit, il est urgent, dans l'intérêt de tous, qu'une seule personne soit chargée de gérer et administrer les biens et affaires des communauté et succession, de recevoir les loyers, fermages et revenus. . . . etc. . . .; qu'elle pense que c'est à elle qu'il est le plus convenable d'accorder les autorisations nécessaires à cet effet, comme étant celle des parties qui représente le plus grand intérêt, et qui est le plus en état de suivre cette administration; requérant que ces autorisations lui soient conférées par ces présentes.

Et elle a signé après lecture.

(Signature.)

4° *Réponses et contestations contraires par les autres parties.* (N° 263.)

Les autres parties ont répondu que les autorisations demandées par Mme veuve . . . . . ne leur paraissent pas indispensables quant à présent, puisqu'elles sont toutes présentes pour signer les quittances nécessaires; qu'au surplus elles se réservent de consentir ultérieurement ces autorisations, si alors elles le jugent convenable.

Elles ont signé après lecture.

(Signatures.)

Mme veuve . . . . a répliqué qu'elle persiste dans ses demandes et réquisitions pour qu'il y soit fait droit sur-le-champ, attendu qu'il est urgent de pourvoir à l'administration des immeubles, et qu'il est impossible, pour chaque acte de cette administration, de réunir le consentement et la signature de toutes les parties.

Après lecture, Mme. . . . . a signé.

(Signature.)

1. Trib. Seine, 17 fév. 1857; J. N., 16069.
(2) Roll., *Scellé*, n° 65; Bruxelles, 16 mars 1824; Aix, 28 juill. 1830.
Douai 18 mai 1817; J. N., 13325.

3 Grenoble, 8 avril 1834; Mol., Trib., 1834, p. 500; contra Metz, 18 mars 1852, J. N., 14616.

comme élément de la liquidation ou du partage ultérieur; les autres parties peuvent y répondre et en présenter elles-mêmes. Le notaire se borne à reproduire ces diverses déclarations.

261. — Lorsque les difficultés portent sur des prétentions qui n'intéressent que le partage, elles constituent seulement des réserves qu'il suffit de constater dans l'inventaire [FORM. 15 1°].

262. — Mais si elles ont pour objet des mesures conservatoires, comme la nomination d'un administrateur provisoire, ou la manière de procéder à l'inventaire, elles doivent être immédiatement résolues ; les parties peuvent d'accord, et si elles ne craignent pas de prendre qualité, trancher elles-mêmes les difficultés, fixer la marche des opérations, convenir du choix d'un administrateur provisoire, lui donner tous pouvoirs, etc. [FORM. 15, 2°].

263. — Dans le cas contraire, il en est référé au président du tribunal ; le référé a lieu, lorsque les scellés n'ont pas été apposés, sur le procès-verbal d'inventaire où sont mentionnés les dires motivés des parties (1) [FORM. 15, 3°, 4°, 6°]; et s'ils l'ont été, sur le procès-verbal de levée de scellés dressé par le juge de paix; dans ce dernier cas, le notaire se borne à exprimer que sur les contestations nées entre les parties, le juge de paix les a délaissées à se pourvoir devant qui de droit (2).

264. — Le mode d'introduction du référé sur l'inventaire est réglé de la manière suivante par l'art. 944 C. pr. : « Si, lors de l'inventaire, il s'élève des difficultés ou s'il est formé des réquisitions pour l'administration de la communauté ou de la succession, ou pour autres objets, et qu'il n'y soit déféré par les autres

---

5° *Renvoi des parties en référé.* (N° 264.)

Sur quoi les parties n'ayant pu se mettre d'accord *(ou* attendu la nature des demande et réquisition de Mme . . . . .), les notaires soussignés ont délaissé les parties à se pourvoir en référé devant M. le président du tribunal civil de première instance de . . . . , à l'effet d'être ordonné par lui ce qu'il appartiendra.

Lorsque le notaire doit se transporter lui-même en référé, on l'exprime ainsi :

Sur quoi les parties n'ayant pu se mettre d'accord, il en sera référé par M^e . . . . . ., l'un des notaires soussignés, à M. le président du tribunal civil de première instance de . . . . ., à l'effet d'être ordonné ce qu'il appartiendra; pour lequel référé il a été pris assignation au . . . . . *(ou* au jour le plus prochain où se tiendra l'audience des référés.)

Il a été vaqué à tout ce que dessus . . . . .
Et après lecture . . . . .

6° *Demande d'autorisation pour agir sans attribution de qualité.* (N°s 265.)

Avant la clôture du présent inventaire, Mme veuve. . ., a fait observer qu'il est de l'intérêt de toutes les parties, ainsi que des créanciers, de faire procéder dans le plus court délai : 1° à la vente du mobilier inventorié ci-dessus ; 2° à la vente du fonds de commerce de . . . . que son mari faisait valoir, ensemble les marchandises et effets mobiliers en dépendant ; que d'ailleurs la plupart de ces objets sont susceptibles de dépérir ou dispendieux à conserver.
Pourquoi elle requiert M^e . . . . . , l'un des notaires soussignés, de se transporter devant M. le président du tribunal civil de première instance de . . . . . aux jour et heure qu'il

---

1, Dict. not., Invent., n° 295.   (2) Massé, liv. 10, chap. 13; Dict not., Invent., n° 291; Roll., ibid. n° 312.

parties, les notaires délaissent les parties à se pourvoir en référé devant le président du tribunal de première instance [Form. 15, 5°]; ils peuvent en référer eux-mêmes, s'ils résident dans le canton où siège le tribunal ; dans ce cas, le président met son ordonnance sur la minute du procès-verbal. » Il résulte de là que le notaire se présente seul et sans les parties devant le président du tribunal, auquel il communique la minute de l'inventaire contenant les dires des parties; que le président met et signe son ordonnance à la suite de la vacation, sans qu'il soit nécessaire de dresser procès-verbal du transport ni de la comparution devant le juge (1) [Form. 15, 7°, 8°].

265.— L'art. 944 C. pr. étant rédigé en termes généraux, le référé sur l'inventaire peut avoir pour

---

lui plaira de choisir (ou le . . . . .), pour voir dire qu'il sera, par M. le président, ordonné qu'à la requête, poursuite et diligence de Mme. . . .. en présence des autres parties où elles dûment appelées, il sera procédé : 1° à la vente du mobilier compris au présent inventaire, par M^e . . . . . commissaire-priseur, qui en a fait la prisée, et en observant les formalités prescrites par la loi ; 2° et à la vente du fonds de commerce avec ses accessoires et les marchandises qui en dépendent, en l'étude et par le ministère de M^e . . . ., l'un des notaires soussignés, après les publications et annonces nécessaires, et aux charges, clauses et conditions qui seront insérées au cahier de charges à en dresser.

Comme aussi que Mme veuve . . . . pourra toucher et recevoir le prix de ces ventes, payer les dettes échues, régler tous comptes, notamment celui du commissaire-priseur, lui donner décharge.

Le tout sans attribution de qualité.

Après lecture, Mme veuve. . . . . a signé.

(Signature.)

MM . . . . . ont dit que, sous toutes réserves, ils consentent au référé, comme aussi à ce que les autorisations demandées par Mme veuve. . . . . lui soient accordées.

Et ils ont signé après lecture.

(Signatures.)

En conséquence de tout ce que dessus, nous, notaires soussignés, faisant droit à la réquisition de Mme veuve. . . . ., et attendu le consentement de toutes les parties, disons que M^e. . . . ., l'un de nous, se transportera en référé devant M. le président du tribunal civil de première instance de. . . . ., en son cabinet, au palais de justice, le . . . . à . . . . heures du matin (ou l'un des plus prochains jours d'audience), pour, sur son rapport à M. le président, être, par ce magistrat statué ce qu'il appartiendra sur les demandes et conclusions de Mme veuve. . . . .

Il a été vaqué à tout ce que dessus. . . . .

7 *Ordonnance de référé contenant l'autorisation à l'une des parties de gérer et administrer.* (N° 265.)

Nous . . . . ., président du tribunal civil de première instance de . . . . ., vu la réquisition portée en la vacation qui précède, de l'inventaire fait après le décès de M. . . . . dont la minute nous a été présentée par M^e. . . . . notaire à. . . . .; au principal, renvoyons les parties à se pourvoir; et cependant, par provision, vu l'urgence, autorisons Mme veuve. . . . . à gérer et administrer pendant deux mois les biens et affaires de ces communauté et succession ; en conséquence, faire toutes locations pour la durée ordinaire des baux sans écrit ; donner et accepter tous congés ; recevoir tous loyers, fermages et revenus échus et à échoir; signer tous états de lieux; donner toutes quittances et décharges; exercer au besoin toutes poursuites, contraintes et diligences nécessaires; aux effets ci-dessus, passer et signer tous actes; le tout sans attribution de qualité, et à la charge par Mme. . . . . de rendre compte exact, quand et à qui il appartiendra.

Fait à . . . . ., au palais de justice, le . . . . .

---

(1) Massé, liv. 10, chap. 11; Chauveau n° 3153; Bioche, *inrent.*, n° 277.

objet de vendre les effets mobiliers sans attribution de qualité (*C. pr.*, *996*), et particulièrement ceux qui sont susceptibles de dépérir ou dispendieux à conserver, (*C. N.*, *796*), voir notre *Traité-form.*, *n° 1897*. Le référé devient encore nécessaire si l'héritier ou le conjoint veut, sans perdre le droit de renoncer à la communauté ou à la succession, être autorisé à faire des actes urgents d'administration provisoire; dans ce cas, le président confère au conjoint survivant ou à l'un des héritiers les pouvoirs nécessaires pour agir sans attribution de qualité, mais il en limite ordinairement l'effet à un ou deux mois (1). Si l'administration provisoire doit durer après l'acceptation, c'est la chambre du conseil qui statue.

266. — Le ministère des avoués peut être admis pour le référé, mais il n'est pas nécessaire (2).

8° Ordonnance de référé pour autoriser à agir sans attribution de qualité. (N° **265**.)

Nous . . . . ., président du tribunal civil de première instance de . . . . .
Après avoir pris communication, sur la minute à nous représentée par M° . . . . ., notaire à . . . . ., des déclarations et réquisitions contenues dans l'inventaire fait après le décès de M . . . . ., par M° . . . . . et son collègue, le . . . . .
Attendu qu'il est de l'intérêt de toutes les parties et de celui des créanciers qu'il soit dans le plus court délai, procédé à la vente : 1° du fonds de commerce de . . . . ., que M . . . . . faisait valoir, ensemble des marchandises et ustensiles en dépendant ; 2 et des effets mobiliers compris en l'inventaire;
Attendu que la plupart de ces objets sont susceptibles de dépérir ou dispendieux à conserver;
Attendu qu'il est urgent de pourvoir à l'administration provisoire de la succession de M . . . . . et de la communauté qui a existé entre lui et la dame aujourd'hui sa veuve;
Attendu d'ailleurs le consentement donné par toutes les parties ;
Autorisons Mme veuve . . . . . à faire procéder, en présence des héritiers de son mari ou eux dûment appelés, à la vente publique : 1° des effets mobiliers compris en l'inventaire susénoncé par le ministère de M° . . . . ., commissaire-priseur qui a fait la prisée ; 2° du fonds de commerce de . . . ., que M. . . . . faisait valoir, ensemble les marchandises et ustensiles en dépendant, en l'étude et par le ministère de M° . . . . notaire, à . . . . ., sur une seule publication, aux charges, clauses et conditions qui seront insérées au procès-verbal d'enchères à dresser à cet effet.
Comme aussi autorisons Mme veuve . . . à gérer pendant deux mois les biens et affaires des communauté et succession; en conséquence à toucher et recevoir le prix de ces vente et adjudication, ainsi que toutes les sommes qui peuvent être dues aux communauté et succession ; payer les dettes exigibles ; entendre et arrêter tous comptes, notamment celui du commissaire-priseur ; donner et accepter tous congés.
Donner quittance et décharge de toutes les sommes reçues, faire mainlevée de toutes inscriptions, oppositions et saisies ; remettre tous titres et pièces.
A défaut de payement, ou en cas de difficultés et contestations, exercer toutes poursuites et contraintes nécessaires, citer et comparaître devant tous juges et tribunaux ; obtenir tous jugements et arrêts, les faire mettre à exécution par tous les moyens et voies de droit.
Aux effets ci-dessus, passer et signer tous actes.
Le tout sans qu'il puisse en résulter pour les veuve et héritiers de M . . . . . aucune attribution de qualité.
La présente ordonnance sera exécutée par provision, nonobstant appel, et sans y préjudicier.
Fait au palais de justice, à . . . , le . . . . .

---

(1) De Belleyme, p. 207; Roll., *Référé*, n° 25; Dict. not., *Invent.*, n° 291. (1) Billard, *Bénéf. d'invent.*, n° 49; Dict. not., *Invent.*, n° 299; Roll., *ibid.*, n° 346.

CHAPITRE SIXIÈME

DE QUELQUES INVENTAIRES PARTICULIERS.

267. —*Inventaire des biens d'un absent* [FORM. 16]. Les héritiers présomptifs d'un absent, apr

§ 3. — DIVERS INVENTAIRES PARTICULIERS.

FORMULE 16. — **Inventaire des biens d'un absent.** (Nᵒˢ 267 et 268.)

L'an . . . . le . . . . .

A . . . . ., rue . . . . . nᵒ . . . . ., dans la maison qu'habitait M. Charles BENOIT, propri
taire, qui a disparu le . . . . ., sans donner depuis de ses nouvelles, et dont l'absence a é
déclarée ainsi qu'on va le dire.

A la requête de :

1ᵒ M. Charlemagne BENOIT, mécanicien, demeurant à . . . . .;

2ᵒ M. Philippe LORMIER, propriétaire, et Mᵐᵉ Thérèse BENOIT, son épouse, de lui autori
sée, demeurant ensemble à . . . . .

« M. BENOIT et Mᵐᵉ LORMIER envoyés en possession provisoire, chacun pour moitié, de
» biens de M. Charles BENOIT, leur frère, déclaré absent suivant jugement rendu par l
» tribunal civil de première instance de . . . . . le . . . . .

» En présence de M. . . . . juge de paix du canton de . . . . . demeurant à . . . . .

» Requis à cet effet par M. le procureur impérial près le tribunal civil de premiè
» instance de . . . . ., suivant ordonnance en date du . . . . ., étant à la suite d'une requêt
» présentée à cet effet. »

S'il y a un conjoint présent et qu'il ait opté pour la continuation de la communauté :

A la requête de Mᵐᵉ Louise VIMARD, propriétaire, épouse de M. Charles BENOIT sus
nommé, demeurant dans la maison où il est procédé.

« Mᵐᵉ BENOIT ayant opté pour la continuation de la communauté qui existe entre ell
» et son mari, aux termes de leur contrat de mariage passé devant Mᵉ . . ., notaire à . . .
» le . . . ., et ayant pris l'administration des biens de son mari absent ; ainsi que le tou
» résulte du jugement déclarant l'absence, rendu par le tribunal civil de premièr
» instance de . . . ., le . . . ., et d'une déclaration passée au greffe du même tribunal, le . .

En présence de :

1ᵒ M. Charlemagne BENOIT . . . . .,

2ᵒ M. Philippe LORMIER . . . . ., et Mᵐᵉ Thérèse BENOIT . . . . :

« M. BENOIT et Mᵐᵉ LORMIER, seuls présomptifs héritiers, chacun pour moitié d
» M. Charles BENOIT, leur frère.

En présence aussi de M. . . . . juge de paix du canton de . . . . . demeurant à . . . .

» Requis à cet effet, etc . . . . . (*comme ci-dessus*).

Sans que les qualités ci-dessus prises puissent nuire ni préjudicier à qui que ce soit
Il va être, par Mᵉ . . . . . et l'un de ses collègues, notaires à . . . . . soussignés.

Procédé à l'inventaire fidèle et à la description exacte des meubles, objets mobiliers,
titres, papiers, argent comptant, documents et renseignements de toute nature apparte
nant à M. Charles BENOIT, — *ou bien* tant des meubles . . . . . appartenant à M. Charles
BENOIT que de ceux dépendant de la communauté d'entre lui et la dame son épouse.

Sur la représentation qui sera faite du tout, etc . . . . . *Le surplus comme en la formule* 13.)

qu'ils ont obtenu l'envoi en possession provisoire, doivent, en présence du procureur impérial ou d'un juge de paix requis par lui, faire procéder à l'inventaire du mobilier et des titres de l'absent, voir notre *Traité-form.*, n° 907.

268.— L'époux présent qui a opté pour la continuation de la communauté, voir notre *Traité-form.* n° 915, est aussi tenu de faire procéder, en la présence du procureur impérial ou d'un juge de paix requis, à l'inventaire tant du mobilier et des titres de son conjoint absent, que du mobilier et des titres de la communauté, *ibid.* n° 907.

FORMULE 17. — **Inventaire des biens d'un interdit judiciairement.** (N° 269).

L'an . . . ., le . . . . .

A . . . . . rue . . . ., n° . . . ., dans la maison qui formait l'habitation de M. Denys Noi-ROT, ci-devant maître d'hôtel, aujourd'hui pensionnaire à l'asile des aliénés de. . . . ., interdit pour cause d'aliénation mentale, suivant jugement rendu par le tribunal civil de première instance de. . . . . le. . . . .

A la requête de M. . . . .

« Agissant au nom et comme tuteur de M. Denys Noirot; nommé à cette fonction, qu'il a » accepté, suivant délibération du conseil de famille de l'interdit, prise sous la prési-» dence de M. le juge de paix du canton de . . . . ., ainsi qu'il résulte du procès-verbal que » ce magistrat en a dressé, assisté de son greffier, le . . . . .»

En présence de M. . . . . .

« Agissant en qualité de subrogé tuteur de M. Noirot; nommé à cette fonction par la » délibération du conseil de famille qui vient d'être relatée.

A la conservation des droits et intérêts de M. Denys Noirot et de tous autres qu'il appartiendra.

Il va être par M' . . . . .

Procédé à l'inventaire fidèle et description exacte des meubles, objets mobiliers, etc... appartenant à M. Noirot, interdit.

Sur la représentation qui sera faite . . . . (*Le surplus comme en la formule* 13.)

FORMULE 18. — **Inventaire des biens d'un interdit légalement.** (N° 270.)

L'an . . . . . le . . . . .

A . . . ., rue . . . ., n° . . . . . . dans la maison qui formait l'habitation de M. Vincent KRAINE, ci-devant aubergiste, y demeurant, interdit légalement par suite de la condamnation prononcée contre lui par arrêt de la cour d'assises de . . . ., en date du . . . . .

A la requête de . . . . . (*Le surplus comme en la formule* 17.)

FORMULE 19. — **Inventaire sur demande en séparation de corps.** (N° 271.)

L'an . . . ., le . . . . .,

A . . . . ., rue . . . ., n° . . . . ., au domicile de M. Paul DELIEZ, brasseur de bière.

A la requête de M. Ladislas AUBOIN, agent d'affaires, demeurant à . . . .

« Agissant au nom et comme mandataire de Mme Héloïse DUVAL, épouse de M. DELIEZ » susnommé, sans profession, résidant à . . . ., chez M. DUVAL, son père; aux termes de la » procuration qu'elle lui a donnée, etc . . . ., »

Lequel a exposé :

Que Mme DELIEZ a formé contre son mari une demande en séparation de corps;

269.— *Inventaire des biens d'un interdit judiciairement* [FORM. 17]. L'interdit étant assimilé au mineur pour sa personne et pour ses biens, le tuteur de l'interdit est tenu, dans les dix jours de son entrée en fonctions, de faire procéder à l'inventaire de ses biens, en présence du subrogé-tuteur, voir notre *Traité-form*. n°s 1279 et 1575.

270.— *Inventaire des biens d'un interdit légalement* [FORM. 18]. Ce qui est dit au numéro précédent s'applique à l'interdit par suite de condamnation à une peine afflictive et infamante, voir notre *Traité-form*. n° 1590.

271.— *Inventaire sur demande en séparation de corps* [FORM. 19]. La femme commune en biens

---

Qu'à sa réquisition, les scellés on été apposés sur les effets de la communauté par M. le juge de paix du canton de. . . ., suivant son procès-verbal en date du . . . . .

Que, par exploit du ministère de . . . ., huissier à . . . ., en date du. . . ., Mme DELIEZ a fait sommation à son mari de se trouver cejourd'hui, à huit heures du matin, au lieu où il est procédé, pour être présent à l'inventaire des effets mobiliers de la communauté, avec déclaration qu'il y serait procédé en son absence comme en sa présence.

M. AUBOIN, en sa qualité de mandataire, requiert acte de sa comparution, et défaut contre M. DELIEZ, pour le cas où il ne comparaîtrait pas ni personne pour lui.

Après lecture il a signé.

(Signature.)

M. DELIEZ, à ce intervenant, déclare qu'il ne s'oppose pas à ce qu'il soit procédé à l'inventaire.

Et il a signé après lecture.

(Signature.)

En conséquence, à la requête de M. AUBOIN, mandataire de Mme DELIEZ,

Et en présence de M. DELIEZ,

Il va être par M^e. . . . .

Procédé à l'inventaire fidèle et description exacte des meubles meublants, objets mobiliers, argent comptant, titres, papiers et documents de toute nature, dépendant de la communauté existant entre M. et Mme DELIEZ, aux termes de leur contrat de mariage passé devant M^e . . . ., qui en a gardé minute, et l'un de ses collègues, notaires à . . . . . le. . . . .

Sur la représentation du tout, qui sera faite . . . ., etc . . . . . (*Voir formule* 14.)

FORMULE 20. — Inventaire après séparation de biens. (N° 272.)

L'an . . . le. . . . .

A . . . . ., rue . . . ., n° . . . . ., en la maison formant la demeure et le domicile de M. Jean LECHÊNE, papetier, et Mme Olympe BORNEZ, sa femme.

A la requête de Mme LECHÊNE , née BORNEZ, susnommée, assistée de M^e . . . . ., avoué près le tribunal civil de . . . . .

« Agissant : 1° comme ayant été déclarée séparée, quant aux biens, d'avec M. BORNEZ,
» son mari, suivant jugement rendu par le tribunal civil de première instance de . . . . .,
» le. . . ., sur la demande qu'elle avait formée, avec l'autorisation de M. le président de
» ce tribunal, par exploit du ministère de . . . . . huissier à . . . . ., en date du. . . .

» 2° A cause de la communauté réduite aux acquêts qui a existé entre elle et M. LE-
» CHÊNE son mari, aux termes de leur contrat de mariage passé devant M^e . . . ., qui en a
» gardé minute, et son collègue, notaires, à . . . ., le . . . . ., communauté qu'elle se ré-
» serve d'accepter ou de répudier.

» 3° Enfin comme créancière de la communauté, et même de son mari, pour raison
» de ses créances et reprises. »

demanderesse ou défenderesse en séparation de corps peut, pendant le cours de l'instance, faire apposer les scellés sur les effets mobiliers de la communauté; les scellés ne sont levés qu'en faisant inventaire avec prisée, et à la charge par le mari de représenter les choses inventoriées ou de répondre de leur valeur comme gardien judiciaire (*C. N.*, 270), voir notre *Traité-form. n° 1085*.

272. — *Inventaire après séparation de biens* [Form. 20]. La séparation de corps entraîne la séparation de biens, voir notre *Traité-form. n° 1091* ; en conséquence, après la séparation de corps prononcée, ou lorsque la séparation de biens a été seule prononcée, il y a lieu à un inventaire si la femme veut accepter la communauté ou si elle a fait apposer les scellés (1).

En présence de M. Lechène, susnommé, qualifié et domicilié.

A la conservation des droits et interêts de Mme Lechène, et de tous autres qu'il appartiendra.

Il va être par . . .,

Procédé à l'inventaire fidèle et description exacte des meubles meublants, objets mobiliers, argent comptant, titres, papiers et documents de toute nature, dépendant de la communauté qui a existé entre M. et Mme Lechène et pouvant servir à l'établissement des droits et reprises de Mme Lechène.

Sur la représentation du tout qui sera faite par M. Lechène. lequel averti, etc. *(Le surplus comme en la formule* 13)

S'il y a eu sommation, l'on modifie ainsi :

A la requête de Mme . . . . . assistée de . . . . .

Ayant agi : 1° . . . . . : 2° . . . . . ; 3° . . . . .

Laquelle a dit :

Que, suivant exploit du ministère de . . . . . huissier à . . . . , en date du . . . . , Mme Lechène a signifié à son mari le jugement de séparation de biens ci-dessus relaté, et lui a fait sommation de se trouver cejourd'hui, à huit heures du matin, au lieu où il est procédé, pour être présent à l'inventaire des biens dépendant de la communauté qui a existé entre eux ; avec déclaration que s'il ne se présente pas, il sera prononcé défaut contre lui et procédé en son absence.

Mme Lechène requiert acte de sa comparution et défaut contre son mari, s'il ne se présente pas ni personne pour lui.

Après lecture, elle a signé avec M^e . . . . . son avoué.

(Signature.)

A cet instant est intervenu M. Lechène, ci-dessus nommé, qualifié et domicilié.

Lequel a dit comparaître pour obéir à la sommation qui lui a été faite, et consentir à ce qu'il soit procédé à l'inventaire en sa présence.

Après lecture, il a signé.

(Signature.)

En conséquence il va être, par . . . . .

Procédé, etc. . . . .

Si le mari fait défaut.

Attendu qu'il est dix heures du matin et que M. Lechène n'a pas comparu ni personne pour le représenter, il est prononcé défaut contre lui.

Et de la réquisition de Mme Lechène, il va être par . . . . .

Procédé en l'absence de M. Lechène, à l'inventaire. . . . .

Sur la représentation du tout qui sera faite par Mme Lechène, laquelle avertie, etc. . . . .

(1) Duranton, II, 618; Toullier XIII, 63; Dict. not., *Invent.*, n° 25.

273.— *Inventaire après le décès d'un notaire* (Form. 211. Les notaires sont soumis, de la part des préposés de l'administration de l'enregistrement, à l'exercice d'un droit de contrôle et de vérification qui a pour objet spécial la conservation des minutes et répertoires (*Loi 22 frim. an VII, art. 54*); c'est pourquoi, selon l'art. 64 de la loi du 25 vent. an XI, les scellés sont apposés sur les minutes et répertoires d'un notaire décédé, et un préposé de l'enregistrement doit assister à l'inventaire; mais ce préposé n'a pas le droit d'exiger la communication des pièces, actes et titres confiés au notaire sans actes de dépôt ni inscription au répertoire. Après l'inventorié des minutes et répertoires, il ne peut donc assister à la suite des opérations de levées de scellés et d'inventaire dans l'étude et dans le cabinet du notaire (1).

FORMU E 1. — Inventaire après le décès d'un notaire. (N° 273.)

L'an . . . . , le . . . . . ,

A la requête de . . .

En présence de M. . . . .

« Agissant en qualité de receveur de l'enregistrement et des domaines à la résidence
» de . . . . ., et comme délégué par M. le directeur de l'enregistrement et des domaines du
» département de . . . . ., suivant son autorisation en date du . . . . ., portant le n°. . . . . .
» à l'effet d'assister à l'inventaire et au dépouillement des actes publics et des répertoires
» de l'étude de M^e . . . ., décédé dans l'exercice des fonctions de notaire.

A la conservation des droits et intérêts, etc. . . . .

---

(1) Dict.not.,*Communic.*, n° 54; Roll., *ibid.*, n 34 Douai, 29 déc,1852. et 16 déc. 1864; Metz, 5 octobre 1853; Cass. 4 août 1844 et 14 août 1855; trib. Mâcon, 14 fév. 1862; Ordonn. prés. trib. Avallon, 30 déc. 1862.

J. N.. 14905. 15085, 15318, 17314. 17384, 17632; contra trib. Épinal 30 déc. 1847; Sarreguemines, 12 déc. 1850; Avesne 31 juill. 1851; Brioude, 7 fév. 1860; J. N., 14357. 15363 6845.

ADMINISTRATION

DU

JOURNAL DES NOTAIRES ET DES AVOCATS

Rue des Saints-Pères, 52, à Paris.

---✕---

JOURNAL DES NOTAIRES ET DES AVOCATS

Formant chaque année un volume in-8° de plus de 800 pages, et paraissant chaque mois en un cahier de 64 à 80 pages d'impression.

Prix de l'Abonnement annuel, 15 fr. (franco).

De tout temps, les abonnés au *Journal des Notaires* ont joui de la faculté de consulter *gratuitement* l'Administration sur toutes les questions de droit, de notariat, d'enregistrement, etc., etc., qui peuvent les intéresser.

Le Journal est le complément périodique et indispensable du *Dictionnaire du Notariat.*

COLLECTION

DU

JOURNAL DES NOTAIRES & DES AVOCATS

Depuis le 1er Janvier 1808 jusqu'au 1er Janvier 1864.

94 vol. in-8°. — Prix, 220 fr. et 7 fr. pour chaque année demandée pour compléter une collection.

Le souscripteur est prié d'indiquer les années de la collection qu'il demande et les termes qu'il désire obtenir pour le payement.

NOTA.—Une **TABLE GÉNÉRALE** de la collection du Journal, de 1808 à 1863, est sous presse ; elle sera publiée prochainement ; elle formera 3 volumes in-8, de 800 pages, format du *Dictionnaire du Notariat.*

DICTIONNAIRE DU NOTARIAT

(QUATRIÈME ÉDITION)

OUVRAGE ENTIÈREMENT REFONDU

Treize volumes in-8 de 50 feuilles, soit plus de 10,400 pages.

Prix : 130 fr. franco jusqu'au chef-lieu.

NOTA. — Les Abonnés au *Journal des Notaires* et les personnes qui s'abonnent, en souscrivant au Dictionnaire, payeront l'ouvrage 105 fr., *franco* jusqu'au chef-lieu d'arrondissement.

Ils recevront, au prix de CINQ francs le volume, la collection du *Journal des Notaires*, de 1854 à 1864, indispensable pour tenir ce grand ouvrage au courant de la Jurisprudence jusqu'à ce jour.

Nota. Toute demande d'ouvrage doit être adressée *franco* à l'administration du *Journal des Notaires* celles qui sont *accompagnées* d'un MANDAT POSTAL au nom du Directeur du *Journal des Notaires* son servies immédiatement et adressées au souscripteur, *franco*, à son domicile ou à la station de chemin de fer qu'il aura indiquée dans sa lettre de demande.

TABLE D'ANNOTATIONS

DU

DICTIONNAIRE DU NOTARIAT

Contenant l'analyse des articles insérés dans le *Journal des Notaires*, depuis la publication de la 4ᵉ édition du Dictionnaire (1854 à 1863).

Brochure in-8º. — Prix : 2 francs.

Ouvrage indispensable à tous les souscripteurs à la 4ᵉ édition du *Dictionnaire*.

FORMULAIRE PORTATIF

PAR ORDRE ALPHABÉTIQUE

DE TOUS LES ACTES DES NOTAIRES

AVEC ANNOTATIONS

Renvoi aux articles des Code Napoléon, de Procédure civile et de Commerce et indication raisonnée des droits de timbre et d'enregistrement auxquels les actes sont soumis.

Mis au courant de la législation jusqu'au 1ᵉʳ janvier 1864.

TROISIÈME TIRAGE

Un cahier de 200 pages in-4, de la dimension d'une feuille de papier au timbre de 50 cent.; spécialement destiné à servir hors de l'étude, il se place facilement dans un Portefeuille-rouleau ou un Portefeuille-serviette.

Prix : 5 francs, *franco.*

Ce nouveau *Formulaire*, qui reproduit les anciennes formule de nos ouvrages, a le précieux avantage de contenir aussi des *annotations* qui expliquent les clauses de tous les actes et les met en corrélation avec les articles des Codes dont elles sont, en quelque sorte, l'exécution.

Nous avons donné *toutes les formules d'actes*, mais nous sommes gardé de *compliquer* cet ouvrage par des additions de documents auxquels on n'a *jamais occasion d'avoir recours* lorsqu'on fait usage du *Portatif* en dehors de l'étude.

CODE NAPOLÉON PORTATIF

Complétement au courant de la législation

Avec corrélation des articles entre eux et des articles du Code de Procédure civile et du Code de Commerce, terminé par une table alphabétique des matières.

Prix : 1 franc 50 centimes, *franco.*

Ce Code, publié dans le *même format* que le **Formulaire portatif**, est destiné à y faire suite. Il forme un cahier broché de 64 pages avec couverture en fort papier glacé.

MM. les souscripteurs recevront le **Formulaire portatif** et le **Code Napoléon**, en UN ou DEUX cahiers, *franco*, par la poste, à domicile, contre l'envoi d'un *mandat postal* de SIX FRANCS, adressé au Directeur du *Journal des Notaires*.

NOTA. — Indiquer d'une manière PRÉCISE si on veut recevoir les deux ouvrages *réunis* en un SEUL cahier, ou en DEUX cahiers *séparés*.

Nota. Toute demande d'ouvrage doit être adressée *franco* à l'administration du *Journal des Notaires* ; celles qui sont *accompagnées d'un* MANDAT POSTAL au nom du Directeur du *Journal des Notaires* sont servies immédiatement et adressées au souscripteur, *franco*, à son domicile ou à la station de chemin de fer qu'il aura indiquée dans sa lettre de demande.

FORMULAIRE POCKET

DES ACTES DES NOTAIRES

3e Édition, 9e Tirage, Décembre 1862, aveç des Annotations.

Précédé d'une table alphabétique des matières, suivi du texte complet du Code Napoléon et du Code de Procédure civile et d'un complément contenant divers décrets, lois et instructions d'un intérêt spécial pour le Notariat, publiés jusqu'au 1er janvier 1863. — 1 vol. de plus de 1,200 pages ; format in-18, très-portatif. — Prix : 10 fr., *franco* ; — demi-reliure, dos en veau, 12 fr.

DES SOCIÉTÉS A RESPONSABILITÉ LIMITÉE

FORMULAIRE

AVEC

COMMENTAIRE, EN NOTES, DE LA LOI DU 5 MAI 1863

Par M. VAVASSEUR,

AVOCAT A LA COUR IMPÉRIALE DE PARIS
(Ancien principal Clerc de notaire à Paris).

1 volume in-8. — Prix : 4 francs 50 centimes.

Indispensable aussi bien aux Jurisconsultes qu'aux Praticiens.

Ce Formulaire est un guide auquel on peut se fier avec assurance ; l'auteur, ancien principal clerc de notaire à Paris, a fait preuve de cette netteté de rédaction que l'on acquiert surtout par l'étude et la pratique des affaires importantes.

FORMULAIRE GÉNÉRAL

ET

Traité pratique à l'usage du Notariat

Divisé en quatre parties, contenant : 1° la législation spéciale au notariat ; 2° le droit civil expliqué selon l'ordre du Code Napoléon ; 3° le droit fiscal (enregistrement et hypothèques) ; 4° et un traité sur la responsabilité des notaires,

PAR

M. DEFRESNOIS,
Principal clerc de notaire à Evreux.

et **M. VAVASSEUR,**
Ancien principal clerc de notaire à Paris,
Auteur du *Formulaire sur les actes de Société à responsabilité limitée.*

4 vol. grand in-8. — Prix : 32 francs

Le premier volume est en vente, les trois autres sont sous presse.

NOTA. — Les personnes qui souscriront AVANT le 1er Mai 1864, et enverront AVEC leur souscription un *mandat postal* de 28 fr. au *Directeur du Journal des Notaires*, recevront, *franco* à domicile, les *quatre* volumes au fur et à mesure de leur publication.

Nota. Toute demande d'ouvrage doit être adressée *franco* à l'administration du *Journal des Notaires*; celles qui sont *accompagnées* d'un MANDAT POSTAL, au nom du Directeur du *Journal des Notaires*, sont servies immédiatement et adressées au souscripteur, *franco*, à son domicile ou à la station de chemin de fer qu'il aura indiquée dans sa lettre de demande.

DES

DONATIONS ENTRE-VIFS

ET DES TESTAMENTS

Commentaire du Titre II du Livre III du Code Napoléon

Par M. TROPLONG,

Président du Sénat, premier Président de la Cour de Cassation, etc., etc.

DEUXIÈME ÉDITION (1863).

4 volumes in-8°, sur beau papier collé et satiné, prix : **36** fr., franc de port jusqu'au chef-lieu d'arrondissement.

Les personnes qui enverront, avec leur souscription, un *mandat de poste* de **32** fr. recevront l'ouvrage *franco* à domicile.

Le traité des *Donations entre-vifs et des testaments* est un ouvrage de discussion et de doctrine ; sous ce double rapport, il intéresse au plus haut point toutes les personnes qui s'occupent de la science du droit : la magistrature, le barreau, le notariat et tous les officiers publics qui ont journellement à appliquer, à interpréter tous les actes et les dispositions si graves qui se rattachent au titre II du livre III du Code Napoléon. Ils sont certains d'y trouver le guide le plus sûr et le plus éclairé.

LE NOTARIAT ÉTRANGER

DOCTRINE. — PRATIQUE. — ATTRIBUTIONS. — FORMULES D'ACTES. — TARIFS.

1re *Livraison :* ANGLETERRE ET SES COLONIES.

Par M. BECKER,

Avocat à la Cour impériale de Paris.

Brochure in-8° — Prix : 2 francs 50 centimes.

Les relations journalières avec l'Angleterre rendent cet ouvrage d'une utilité pratique pour les magistrats et les officiers publics, qui y trouveront des renseignements instructifs et du plus haut intérêt.

MANUEL

DES

DÉCLARATIONS DE SUCCESSIONS

DROITS DE MUTATION PAR DÉCÈS

PAR

M. MOLINEAU, ancien notaire.

Brochure in-8. — Prix : **2** francs **50** cent. *franco*.

Cette publication a déjà reçu l'approbation la plus flatteuse de tous les hommes de pratique qui l'ont entre les mains, parce que ce traité résume, de la manière la plus complète, toutes les décisions rendues sur les matières des *déclarations de succession* ; il met à même de lever toutes les difficultés qu'elles peuvent faire surgir ; et il renferme tous les éléments nécessaires pour les formalités à remplir.

Nota. Toute demande d'ouvrage doit être adressée *franco* à l'administration du *Journal des Notaires* ; celles qui sont *accompagnées* d'un MANDAT POSTAL au nom du Directeur du *Journal des Notaires* son servies immédiatement et adressées au souscripteur, *franco*, à son domicile ou à la station de chemin de fer qu'il aura indiquée dans sa lettre de demande.

COURS ÉLÉMENTAIRE DE NOTARIAT

Avec Explication suivant l'ordre du Code Napoléon et du Code de commerce; de chaque
acte par ses Motifs, concordance des actes entre eux et renvois au
Dictionnaire du Notariat

PAR

M. HAREL-DELANOE, Notaire

2 vol. in-8°. — Prix : 12 fr., *franco*.

Voici, sur cet ouvrage, l'opinion de notre savant jurisconsulte et honorable pa-
tron, S. Ex. M. Troplong, contenue dans une lettre adressée à l'auteur, le
28 juillet 1863. — « Ce travail m'a paru révéler un esprit sérieux et versé
« dans la connaissance du droit. Aussi, je ne doute pas qu'il ne soit un guide
« utile à consulter dans la pratique des affaires. »

RADIATIONS HYPOTHÉCAIRES

(TRAITÉ PRATIQUE ET THÉORIQUE DES)

CONTENANT LES DÉVELOPPEMENTS DES PRINCIPES, L'EXAMEN DE LA JURISPRU-
DENCE ET LA DISCUSSION DES QUESTIONS CONTROVERSÉES.

Ouvrage faisant suite au *Dictionnaire du Notariat,*
et mis en concordance avec le *Journal des Conservateurs des hypothèques.*

Par M. ERNEST BOULANGER,

Docteur en droit, employé supérieur des domaines.

1 VOLUME IN-8. — PRIX : 8 FRANCS.

L'auteur y a réuni, dans un cadre disposé avec méthode, toutes les difficultés de
la matière, en n'omettant aucune des raisons ni des arguments qui les ont
fait naître.
Tout le monde consultera ce traité avec fruit; il épargnera des recherches diffi-
ciles et minutieuses, des discussions sur les points litigieux qui souvent divisent
avec MM. les Conservateurs des hypothèques.

DES LIQUIDATIONS JUDICIAIRES

ET SPÉCIALEMENT

**De celles qui intéressent les mineurs et autres incapables en
matière de succession**

ET DE COMMUNAUTÉ DE BIENS ENTRE ÉPOUX

Par M. MOLLOT,

Conseiller à la Cour impériale de Paris

Deuxième édition, revue et augmentée (1863)

UN VOLUME IN-8°. — PRIX : 4 FRANCS

Nota. Toute demande d'ouvrage doit être adressée *franco* à l'administration du *Journal des Notaires;* celles qui sont *accompagnées* d'un MANDAT POSTAL au nom du Directeur du *Journal des Notaires*
sont servies immédiatement et adressées au souscripteur, *franco*, à son domicile ou à la station du
chemin de fer qu'il aura indiquée dans sa lettre de demande.

RECUEIL GÉNÉRAL

DES

SÉNATUS-CONSULTES, LOIS, DÉCRETS ET ARRÊTÉS

Depuis le 2 Décembre 1852 (Empire Français)

Avec des Notes et deux Tables annuelles (chronologique et alphabétique)

Le prix de L'ABONNEMENT ANNUEL *franco* est de CINQ FRANCS,

Payable d'avance, ou au plus tard dans le courant du mois de mai.

Ce recueil paraît au fur et à mesure de la publication du *Bulletin officiel*, par livraisons non mensuelles de 32 à 96 pages, avec couverture imprimée. Les livraisons forment chaque année un volume.

Le succès toujours croissant de cette publication depuis sa fondation nous autorise à penser qu'elle a une valeur réelle; mais cette valeur est surtout appréciée de tous les hommes sérieux, éclairés auxquels le recueil s'adresse, parce qu'il est complet, et qu'il renferme *in extenso* tous les actes émanant du souverain et des pouvoirs législatifs et qu'il peut être consulté avec toute sûreté.

Il donne non-seulement tous les documents contenus dans le *Bulletin officiel des lois*, mais encore les *Exposés des motifs* des lois, les *Rapports* au Corps législatif et le résumé de la *Discussion* tel que le publie le *Moniteur officiel.*

Il n'est pas un Magistrat, un Jurisconsulte, un Notaire, un Officier public qui puisse se dispenser d'un recueil qui contient toutes les lois, tous les décrets qu'ils sont en position d'appliquer ou d'interpréter journellement. Le recueil de l'année 1863 renferme des lois nouvelles de la plus haute importance, et les modifications radicales que la législature de 1864 va introduire dans les lois fiscales, donnent à ce recueil un immense intérêt d'actualité.

NOTA. La collection complète du 2 décembre 1852 au 31 décembre 1863 (onze vol.), sera livrée aux abonnés à partir de 1864, au PRIX de **50 FRANCS,** franco jusqu'au chef-lieu d'arrondissement, payables entre les mains du correspondant de l'administration.

Nota. Toute demande d'ouvrage doit être adressée *franco* à l'administration du *Journal des Notaires ;* celles qui sont accompagnées d'un MANDAT POSTAL au nom du Directeur du *Journal des Notaires* sont servies immédiatement et adressées au souscripteur, *franco,* à son domicile ou à la station de chemin de fer qu'il aura indiquée dans sa lettre de demande.

Paris. — Imprimerie de E. DONNAUD, rue Cassette, 9.

SOUSCRIPTIONS.

Je soussigné (1)   demeurant à

         bureau de poste de   arrond..

d   département d

Déclare premièrement m'abonner :

1° Au **Journal des Notaires et des Avocats**, à partir de l'année (2)
et *jusqu'à avis contraire*, moyennant la somme de *quinze francs* par an, que je m'oblige
à payer chaque année *d'avance*, ou *au plus tard*, dans le courant du mois de mai, entre
les mains et *au domicile* du correspondant de l'Administration, au chef-lieu de mon arrondissement (3).

2° Au **Recueil général des Sénatus-Consultes, Lois, Décrets et
Arrêtés**, à partir de l'année (2)   et jusqu'à avis contraire, moyennant
cinq francs par an, que je m'oblige à payer chaque année *d'avance* ou *au plus tard* dans
le courant du mois de mai, entre les mains et *au domicile* du correspondant de l'Administration, au chef-lieu de mon arrondissement (3).

Deuxièmement souscrire :

1° A (4)
moyennant
2° A (4)
moyennant
3° A (4)
moyennant
4° A (4)

L quelle somme , montant à
j'adresse au *Directeur du Journal des Notaires* en   mandats de la
poste (5), à la condition de recevoir lesdits ouvrages *franco* par la poste à mon domicile (6).

A   186

Signature (7)

---

(1) Nom, qualité, résidence, bureau de poste, arrondissement et département.

(2) Remplir l'année à partir de laquelle on s'abonne.

(3) Dans le cas où on ne s'abonnerait pas aux DEUX RECUEILS, RAYER celui que l'on ne veut pas recevoir, ou auquel on est déjà abonné.

(4) Indiquer de cette manière l'ouvrage auquel on souscrit : au Traité des Donations et Testaments, de M. Troplong, moyennant trente-deux francs. — Ou bien : Formulaire portatif des Actes des Notaires, moyennant cinq francs, etc.

(5) Lorsque le mandat de poste *excède* 10 francs, il est sujet au droit de timbre de 50 cent. — En divisant l'envoi en plusieurs mandats de 10 fr. ou au-dessous, on évite les frais de timbre.

(6) Les exemplaires du Dictionnaire du Notariat ne sont pas envoyés par la poste, ils sont adressés, FRANCS de port, au chef-lieu d'arrondissement, au domicile du correspondant de l'administration.

(7) Après avoir rempli la souscription et l'avoir *signée*, *détacher* la souscription, plier, cacheter et mettre à la poste.

A L'ADMINISTRATION

DU JOURNAL DES NOTAIRES ET DES AVOCATS,

rue des Saints-Pères, 52,   à PARIS.

Emplacement du timbre-poste d'affranchissement.

www.ingramcontent.com/pod-product-compliance
Lightning Source LLC
Chambersburg PA
CBHW071514200326
41519CB00019B/5937